財富是這樣養成的

韓國暢銷 No.1 財經書！
讓錢為你工作，邁向財富自由

존리의 부자되기 습관

YOU CAN
DO IT!

John Lee 著
梁如幸 譯

媒體好評推薦

★「在《財富是這樣養成的》一書中，作者提出了財富自由的九大階段，適用於那些決定投資，但一無所知的人。該書於今年一月出版，銷售突破二十萬冊，二〇二〇年上半年在經濟財經類排名第一，受到大眾熱烈歡迎。」

——**出版社書評**

★「這本書自出版以來一直保持在財經類暢銷書前幾名，獲得極高人氣。《財富是這樣養成的》講述了他在過去六年間與許多聽眾見面時，所強調的投資哲學和指南。」

——**《韓國經濟新聞》**

★「以『致富』為關鍵字的理財書《財富是這樣養成的》受到大量讀者關注。」

——《朝鮮日報》

★「隨著新冠肺炎大流行導致全球經濟危機激增，大眾尋求將危機化為轉機的投資策略，以及應對危機、建立生活平衡的心理，影響了購書傾向。介紹財富概念和哲學的《財富是這樣養成的》大受歡迎。」

——《京鄉新聞》

推薦序

透過財富的力量，讓自己擁有選擇的自由

陳逸朴／「小資yp投資理財筆記」版主

我曾經向許多人詢問此問題：「你想要每天從事自己熱愛的事物嗎？比如看書、畫畫、玩音樂、攝影？」幾乎每個人都回答我，他們很想這麼做；但當我再進一步詢問：「那你現在的工作內容，是你熱愛的事物嗎？」很可惜的是，大部分的回答，都顯示人們的工作並非是他們真正感興趣的事物。

對我們來說，時間是極其珍貴的人生資產，一天二十四小時當中，工作占

據了日常生活非常大的時間比例。人們會在沒有那麼感興趣的工作上努力打拼，是因為在現今的人類社會，必須透過金錢交易滿足我們的生存所需，因此我們不得不這麼做。但從另個角度來思考，這也是因為我們的選擇能力不足，才無法以自己想要的生活方式來過人生。

因此，如果想改變當前選擇太少的困境，你就得透過財富的力量，讓自己擁有選擇的自由，實現自由人生的夢想。

在《財富是這樣養成的》這本書中，很明白地告訴大家：「不管是誰，都能實現財富自由。」其背後代表的意義是，每位讀者都有能力去追求自己想過的生活。

只是很可惜地，儘管我們都有實現自由人生的能力，但許多人並沒有意識到點。大多數人往往因為方向錯，反而讓自己陷入金錢問題的泥沼當中。作者特別點出了在當今韓國社會中，三個令人錯失財富的關鍵，分別是過於奢侈的生活、忽視自用汽車的成本與花費，以及父母替兒女所付出的龐大補習費。回顧你我生活的臺灣環境，類似的現象確實也同時在發生。

人們容易高估自己能夠承受的消費能力，無法在收入與支出之間取得適當的平衡。我們專注於短期的快樂與體驗，卻忽略長期所需要面對的自由人生課題，導致原本老後的退休生活，理應是在卸下工作的重擔後，慢活享受人生的階段，但事實卻與我們想像的截然不同。根據韓國保健福祉部的調查，韓國老年人自殺率是全球最高，而造成老年人自殺的第一大原因，正是來自於經濟困難，真是很令人難過的結果。

然而，金錢問題並非只發生在一般的市井小民當中。令人難以想像的是，即使是擁有一流收入的美國頂尖運動員，卻也有高達50％的比例，在退休後淪為破產的狀態。

由此可見，無論你的身分背景與收入多寡，我們都要設法擺脫錯誤的理財思維，方能透過累積財富，抵達自由的人生。而你所需要做的就是：避免自己變成一個金融文盲，理解資本主義的運作原理，並遠離生活中的金錢陷阱，獲取富人累積資產的訣竅——這正是為何我要推薦這本書的原因。

透過閱讀此書，你將可以學到如何將日常生活當中，那些默默破壞財富的行為，蛻變成創造財富的結果；學習從一位勞動者，轉身變成一位資本家，透過投資讓錢替你工作，改變你與金錢的關係，就能避免越活越窮的困境。當你從正確的理財觀念著手，減少不合理的金錢支出與錯誤的財務決策，就能一步步往理想生活邁進。

如果你心中有著嚮往的理想生活，也想改變目前的選擇困境，推薦你一同閱讀。最終你因此書所做出的生活改變，其實不只是單單是為了我們自己，也是為了我們的下一代。如果你也同意，現在就開始投資理財，並把自由人生的理念傳承下去吧！

推薦序

原來，財富就是這樣養成的

蔡至誠／「PG財經筆記」版主

我在臺灣的教育體制中長大，我發現很少人會教我們「什麼是財富？」「什麼是理財？」這導致我們就像金融小白，甚至是「金融文盲」，看不懂金融產品，又不知道該怎麼投資理財。

至於財務自由，更像是只存在別人影片以及文章中的夢想而已。

很多人跟我說：雖然看了些理財書，實際去做之前卻仍然充滿恐懼與不確定的心情。

我相信這本《財富是這樣養成的》便是一本很好的金融教育養成手冊。透過本書，我們會學到許多有用的觀念，包含：何謂財富？何謂貧窮？為何大家不投資股票，反而拼命買房？為什麼買車會讓你更慢財務自由？

在職場工作上，我發現大家甚少談論投資理財，彷彿投資就是不誤正業，但這本書告訴我們：「如果我們不了解金錢的運作架構，被種種舊有觀念誤導，就會認為我們不需要打理金錢，自然離錢越來越遠。」

我在第一線諮詢的時候，有些人仍然停留在「只要找到好標的，我就能變有錢」的觀念；但投資理財需要的不僅僅是好的投資項目，更重要的是改變我們的思維、提升我們的格局，進而做出更適合自己的財務決策。

有了全局視野之後，我們就能擺脫狹隘的決策行為，不會在大多數人吵著賣股票時一起賣出，反而能氣定神閒地維持自己的投資計劃。

看得長遠，也更願意耐心等待。

有些朋友總會被新聞媒體「〇〇股即將迎來史詩級崩跌」這種標題嚇到，

但這本書會告訴我們：不需要對新聞過度反應，一有壞消息，有些媒體就會放大不安感，散播恐懼；但有著良好基礎的企業股票，長期一定看漲，在風雨飄搖時也應該繼續持有。

從投資二十年、三十年的角度來看，世界股市沒過多久就會恢復，最後持續上升，所以我們不需要太在意股票市場短期的漲跌。

記住：股票不是需要交易技術，股票不是用來買賣的，是用來累積的。

許多人誤以為投資股票需要挑選時機，但在業界工作一段時間後，我更了解不可能每次都掌握完美時機。與其不停轉換，不如找個好公司長期持有，共享這些既聰明又努力的人所創造出的勞動成果。

除了投資股票以外，想要成為鉅富，就要擁有資本家的概念。

作者指出，世界上的大富豪們之所以能成為鉅富，就是因為他們持有的股票價值上漲。

持有股份的同時，我們就成為公司的主人，也就是資本家的角色，能夠共享公司的利潤以及未來的成長。

錢不用睡覺，也不會感到疲券，可以日以繼夜的工作；持有股票，代表這些公司的員工在我們休息或是睡覺的期間，也在替我們努力工作。而我們財富的財富，就是這樣形成的。

巴菲特曾說過：「如果你沒辦法在睡覺時也能賺錢，你就會工作到死掉的那一天。」（If you don't find a way to make money while you sleep, you will work until you die.）

這本書將會讓我們知道：原來，財富就是這樣養成的。

作者序

唯有擺脫金融文盲，才能實踐財富自由

努力工作又腳踏實地過活的大多數國民，在退休後理應要能過上富裕的生活才是。但是事實並非如此，在急速高齡化的情況下，有半數六十五歲以上的韓國人正淪為貧困階層，數字高居全球之冠。[1]為什麼現實中會出現這樣的情況呢？我們必須分析其中原因，找出根本解決方法並加以實踐，才能斬斷這樣的惡性循環。如果不提前做好準備，不改掉過去錯誤的行為與習慣，那麼同樣的不幸在未來還是會持續下去。這不僅關係到我們的下一代，也關係到國家的命運。

抱著這樣的心情，繼《為什麼要買股票？》、《媽媽請買股票》（皆為暫譯）等書之後，我提筆寫下了第三本書。比起理論上的金融知識，我更致力於寫出一本能提供實質性幫助，告訴人們致富方法，幫助人們獲得經濟自由的書。為了能讓大家在財富自由的旅程中，一步又一步地向前邁進，本書中將提出具體的方法。

1. 根據國際統計，臺灣二〇一六年低於每人可支配所得中位數40％的老人比率為13．8％，亦即每十個老人就有一位正處在貧窮之中。（資料來源：請參考本書第２２０頁。）

認真工作的你，為什麼總是為錢所困？

在了解具體方法之前，你必須先從基本問題開始反問自己：為什麼我這麼認真工作，生活上卻老是跟錢過不去呢？為什麼總是為錢所困，被壓得喘不過氣呢？根本理由顯而易見，因為對於金錢，從來沒有人教過我們任何事。即使生活在資本主義社會中，如果無法理解資本如何運作，就只能過著離財富愈來愈遠的生活，這就是理由之一。

我們忌諱坦率地談論金錢，在大學畢業前，未曾有接受任何金錢教育的機會；甚至被教導要遠離金錢、金錢沒辦法買到幸福等邏輯，將貧窮合理化。這自然導致我們無法累積對金錢的知識。如果不了解金錢的基本運作架構，或是被錯誤偏見誤導、認為錢不重要，在無意中養成遠離金錢的習慣，就會陷入惡性循環中，成為金錢的奴隸。

我們生活在資本主義社會，唯有了解資本主義的基本原理，才能從金錢之中獲得自由，擺脫金錢困擾，也就是實現金錢自由、財富自由。如果真正希望獲得財富自由，就必須好好思考什麼是資本主義，以及如何設定金錢與自己之間的關係；當然也必須明白要如何讓自己的資本運作，並付諸實踐。

實踐財富自由的過程稱為「財務健身」（Financial Fitness），如同我們為了擁有健康而努力、每天運動來維持身體健康，我們也需要每天維持能致富的生活方式，才有可能達到財富自由。

每個人都能實現財富自由。首先，我們需要擺脫對「會發生什麼事」感到茫然的心態，想要做到這一點，就必須深切渴望財富自由。為此，我們應該將一直以來的錯誤生活方式，轉變成為爭取財富自由的生活方式。財富自由並非一蹴可幾。如果每天維持良好消費習慣，讓累積下來的餘裕資金儘可能長時間運轉，財富自由就絕非難事。致富的選擇，完全掌握在你的手中。本書正是為了渴望致富的你而寫。

JOHN LEE，二〇一九年冬寫於首爾北村

銘謝

本書能夠問世，對我來說真的相當幸運。如果沒有那麼多人的支持與鼓勵，本書就不可能出版。感謝在過去五年裡，為了讓更多人可以脫離金融文盲，和我一起在全國各地奔波的邁睿思員工及客戶們；為了讓周遭的大家能做好退休準備而努力的邁睿思宣傳大使們；以及在本書正式出版前，提供了許多創意，並徹底協助修正的出版社人員們。

在此也特別感謝我的家人。本書謹獻給即使聽我說過數千萬次擺脫金融文盲和做好退休準備的生活方式，也不感到厭倦，並給予我勇氣的親愛的妻子與兩個兒子。

目錄

第二章 別為了錢工作，要讓錢為你工作 101

序章

為財富自由啟程的巴士之旅

我在美國生活了三十五年，回國後也已經過了六年。在這段期間，做為邁睿思資產投資公司的代表，我雖然透過許多媒體不斷強調提前準備退休生活的迫切與必要性，以及長期投資股票才是解決對策，但仍深感力有未逮。接受諸多報紙、新聞及電視節目採訪並撰稿的同時，我極力呼籲「人們必須擺脫錯誤的金融知識，才不會步上日本失落三十年的後塵」，但事實上這並不容易。我所見到的大多數人，嚴重缺乏對財富自由的急迫感，金融知識相當不足，或是抱持錯誤的偏見；大眾媒體大量湧出的金融新聞，大多也只是引起混亂而已。

我下定決心直接接觸人群。雖然國內有相當多金融機構，但是對於沒錢的人來說，就像是隔著一堵無法輕易進入的高牆。所以我想站出來告訴所有人：不管是誰，都能夠實現財富自由，投資股票尤其必要。

為了實現這個目標，我與邁睿思的員工們一起展開漫長的旅程。我們購入一臺巴士，掛上「財富自由」的布條，開啟了一趟全國巡迴之旅。為了能將金融教育帶給無數的國民，這臺「財富自由」巴士在全國四處奔走已經超過五年。幸好接到許多地方的演講邀約，所以我們幾乎走遍了全國的所有城市。在這段期間裡，我們舉行了超過一千場的演講，實際與四萬多人見面。有的地方聽眾可以高達數百名，但有時有些地方只有寥寥兩三人出席。特別是在非城市地區，許多人是第一次聆聽投資股票的資訊。幸好很多一開始不贊成投資股票的人，在聽完演講後也漸漸了解並贊同為退休做準備的重要性。隨著我們愈來愈努力，認同這樣理念的人也逐漸增加，這也讓我們相當有成就感。不管是警大生、警察、刑警、公務員、檢察官、律師、電視節目作家、小學生、國高中生、老師、校長、自由業者、美容師、海外僑胞還是企業主，原本對投資有著強烈偏見的人逐漸敞開心房，也有愈來愈多人開始懷抱著熱切的決心，想幫助身邊的親友擺脫金融文盲。特別是看到二、三十歲的年輕人來找我，滿懷感謝地說體悟到「自己的人生原來還有希望」的模樣，也讓我相當有成就感。

透過這趟巴士之旅，我們抱持即使多一個人都好的信念，努力接觸更多人。而我個人也開設了「John Lee life style 股票」這個 YouTube 頻道，為了傳播正確的金融知識而努力。

雖然無法在此一一列舉，但這段日子的每一天都讓我很感動。我感受到，當人們了解到財富自由沒有想像中困難，意識到「不是要為了錢工作，而是必須讓錢為我工作」的瞬間，每天都有愈來愈多人知道自己有致富的希望。我在無數次演講中邂逅的每一個人、每一個故事，都帶給我很大的勇氣。尤其是在看到原本抱持先入為主的觀念，認為「絕對不可以投資股票」的人，意識到投資的重要性並付諸實踐時，讓我感到相當值得。

體驗到變化的人們

這段日子以來，我聽到許多人改變了生活方式，開始為退休生活做準備的故事。下面就介紹其中的幾個真實例子。

有位媽媽有個正處於青春期的高二生兒子，她因為兒子不願意和自己對話而感到傷心，同時也很擔心。不過，兒子（他是聽過我演講的學生）有天竟然用相當真摯的態度對媽媽開口，說自己不要去補習，想把補習費拿來投資股票。聽到兒子出乎意料的發言，這位媽媽雖然有些不知所措，但因為和兒子的關係終於出現一絲曙光，也就開心答應了。沒去補習而是開始投資股票的兒子明顯變得活潑，母子關係也變得和睦。她來聽演講時告訴我「原本還擔心孩子的成績可能一落千丈，結果他的功課反而比以前更好」，雙眼含淚地向我道謝。這位媽媽還叮嚀我一定要讓這件珍貴的工作繼續下去。

還有另外一位媽媽表示，她跟先生每早都為了孩子昂貴的補習費爭吵不休。先生擔心「把錢都花在補習費上，以後要怎麼準備退休生活」，但她認為如果不送孩子去補習，他們在未來就有可能誤入歧途。她被這種模糊籠統的想法束縛，反而增加了補習費用的支出。在這樣的情況下，先生的不滿逐漸累積，也造成了家庭失和。在聽了我的演講後，這位媽媽才意識到：比起孩子們的大考成績，更重要的是為退休生活做準備，所以與家人討論停止補習費的支出，為了退休生活準備投資的議題。先生想當然爾大大贊同，孩子們也認為反正去補習班不是打瞌睡就是發呆，與其浪費時間跟金錢，不如把錢拿來投資，也投下了贊成票。在那之後，這對父母不再爭吵，孩子們也變得更幸福，家中又再度恢復和睦的氛圍；同時他們也開始儲備退休生活的資金，畫出更具體的未來藍圖。這位媽媽感嘆地說，直到這麼晚才發覺這樣的好事，實在有些可惜。

還有一位奶奶來找我，緊緊握著我的手，一邊流著眼淚一面說：「謝謝你讓我有了很大的領悟。」這位奶奶一直苦惱著想為孫子做些什麼，但礙於手頭不是很寬裕，覺得自己無計可施。但在聽了我的演講之後，聽到我說投資並不需要有很多錢，而是要立刻開始，每天一步一腳印才是重點之後，她感到非常開心。這位奶奶不再想著要買東西給孫子，而是開始把多餘的錢拿去投資基金，讓累積下來的金錢成為孩子將來的財產。這筆基金也會在孫子長大之後，成為讓他永遠記住奶奶一點一滴存入愛意的媒介。奶奶每天投入一兩萬韓元（約臺幣兩百五到五百元），留下了密密麻麻的愛的紀錄。比起會損壞的物品，奶奶送的基金只會變得更多；奶奶不但傳遞了自己對孫子的愛，也大幅增加了讓孫子在未來致富的可能性。

我又想起了一段非常有趣的回憶，與一位脫北[2]女性有關。她在脫北後與南韓男性結婚，並有了孩子。過去未曾接觸過資本主義，對一切都很生疏的她，開始對投資這樣的資本運作方式產生了很大的好奇心，同時也感受到了資本主義的希望。但丈夫卻阻止她，極力反對地說：「投資股票很危險，絕對不行。」一個從未體驗過資本主義、正在成長的人發現了股票的價值；在資本主

2. 脫北者。指北韓難民、流亡人士。

義社會中學習成長的人，卻說投資股票很危險，這豈不是很妙嗎？

除此之外，這段期間裡，我看過無數擺脫了金融文盲的困境，選擇讓錢為自己工作的人。他們減少不必要的支出，為了退休生活努力做準備，並且朝著財富自由邁進。我相信，從他們身上可以尋找到新的可能性，而這些微小的變化聚集在一起，就會在社會上形成巨大的變化。同時，我也在這樣變化之中扮演了其中一個推手，我對此感到自豪且驕傲，這讓我的這趟巴士之旅非常愉快。

讓更多人獲得財富自由

如果想要實現財富自由，必須抱持和困在金融文盲泥沼的人們背道而馳的勇氣。如果有更多人能為退休生活做好準備，獲得經濟自由，整個國家肯定能有嶄新飛躍的進步。為了能讓更多人實現財富自由，我和邁睿思的員工們也正在開發更多元的企劃，以下介紹其中幾項。

青少年投資俱樂部

我們絕對需要從小就熟悉金融與投資。為了教導孩子投資概念，邁睿思創辦了「邁睿思青少年投資俱樂部」。這項企劃的用意在於讓年輕學子們了解基金組合，體驗長期投資，並將投資收益用於幫助社會上有困難的人。透過基金收益捐款，不僅能讓年輕的學生提升金融知識，甚至也吸引了一些願意為這份企劃盡一份力的贊助者，來幫助這些青少年。

猶太人會在男孩滿十三歲、女孩滿十二歲時舉行成年禮，這是他們人生中的重大活動之一。這時親朋好友們會餽贈聖經、手錶和現金當作禮物，手錶是提醒時間重要性的禮物；現金是為了讓孩子在未來達到財富自由，可用於投資的禮物。如果想要變得富裕，就應該像猶太人一樣儘早開始投資，因為複利的魔法愈早開始，就愈有利。雖然猶太人只佔了全美人口的百分之二，卻在美國幾乎所有領域都有著巨大的影響力，這是基於他們雄厚的經濟實力。而他們經濟實力的源泉，就是來自於他們比其他民族更早開始投資的習慣。在美國，猶太人的重要節日被指定為國定假日，從這點就可窺見猶太人的力量到達什麼程度。

究竟是要遵循猶太人的模式，還是要步上金融文盲國家的後塵，我們的選擇不言而喻。

未來億萬富翁俱樂部

我和邁睿思夥伴們開啟了這項令人振奮的活動，一個孩子一出生後就可以開始的投資項目——「未來億萬富翁俱樂部」（Next Billionaire Club）。我堅信一出生就開始投資的人，一定會比十三歲開始投資的猶太人獲得更偉大的結果。這些孩子不僅會得到未來成為富翁的巨大祝福，也將成為實現國家富強經濟的巨大力量。

邁睿思大使

為了加速人們對財富自由的投資，我們還導入了能在邁睿思接受免費金融教育，向周遭傳播財富自由觀念的「邁睿思大使」（Meritz Ambassador）制度。相信這樣的制度不僅能幫助更多人實現財富自由，還能為想獲得額外收入來源或屆臨退休的人提供工作機會，同時鼓勵職涯中斷的女性重回職場。

送基金當禮物

我認為送給心愛的人基金當禮物，會比送一般物品來得更有意義，因為贈送基金，等同於贈送未來的財富。生日、入學、畢業時，與其收到一般禮物，收到基金的孩子在未來有更大的機會致富。與其教導孩子消費，不如教孩子如何投資。把基金當禮物是送給孩子一份未來，是件很重要的事。

邁睿思婦女基金

邁睿思還推出了可以投資重視性別平等及自由風氣的企業的「邁睿思婦女基金」（Meritz the Woman Fund），因為我相信想要改變這世界，最有效的方法就是投資。韓國女性位於高階職位的比例在全世界是吊車尾，比起其他先進國家，在競爭力上也獲得較低的評價，但這反而可以看成是另一種投資機會。許多報告指出，在這樣的社會結構中，女性比例愈高的企業，其成果會愈好。因此我相信只要長期投資友善女性的企業，就能創造超額的收益。

成為經濟強國的三大條件

一個國家要成為經濟強國，一定需要具備下列三項條件：第一是「創業家精神」（Entrepreneurship），第二是讓女性在職場能有所發揮，第三就是「金融教育」（Financial Education），在這之中不可疏忽任何一項。

遺憾的是，在這三個領域，韓國在OECD國家中都是敬陪末座[3]。這三項條件是互有關連的，核心重點就在於金融教育。我相信只要透過金融教育擺脫金融文盲，就可以解決相當多目前面臨的問題。只要有愈多人脫離貧困，成功實現財富自由，自然而然也會為下一代開啟良好循環。

我有一個相當具體的目標，那就是讓為了退休生活做準備，每天投資一萬韓元（約新臺幣兩百四十元）的人至少能達到一百萬人。我由衷希望能夠讓人們擺脫金融文盲，讓一百萬個富人誕生。讓國民從此脫離金錢困頓，獲得經濟自由。

3. 經濟合作暨發展組織（Organization for Economic Cooperation and Development，OECD），簡稱經合組織。全球三十七個市場經濟國家組成的政府間國際組織。

第一章

是什麼讓你無法致富？

01「您真的這麼愛錢嗎？」

為了向年輕學子進行金融，特別是股票相關的演講，我經常拜訪大學。我每次都會特別強調財富自由的重要性，建議學生們存下零用錢趁早開始投資。某次在首爾一所大學中演講到了尾聲，有位學生舉手發問道：

「您真的這麼愛錢嗎？」

雖然我經常被問到這個問題，但聽到時總還是讓我覺得意外，且感到些許心痛。因為，這是長期未曾接受過金錢教育的人，會提出的最具代表性的問題。這世界上有討厭錢的人嗎？向我提問的學生肯定也喜歡有零用錢，也希望成為有錢人才是。如果想要致富，就必須理解賺了錢之後該怎麼明智消費，也要接受金錢相關的教育。喜歡錢不是壞事，不是不道德的事，更不是件該受譴責的事情，如同要做喜歡的事情才會成功，只有喜歡錢才能致富。

即使如此，當我在演講中告訴聽眾「把錢省下來，減少消費，試著投資吧」，偶爾也會聽到抗議的反駁意見，因為人們把「儘量減少消費」誤解為是「為了金錢，拋棄現有幸福」的意思。從這些反駁意見之中，也可以看出國人將坦率討論金錢視為一種禁忌的特有價值觀。

誤會我是一個看到錢就興奮到發抖、拜倒在金錢之下的金錢奴隸，這些我多少都還能一笑置之；但在社會中廣泛存在對金錢扭曲的認識與態度，我對這點感到相當遺憾。雖然這世界上沒有人不喜歡錢，但大家都對於表現出「愛錢」這件事很抗拒，就連大眾媒體上，也經常出現「即使沒錢也能夠幸福」、「幸福是用錢也買不到的」等話語——但是這些話只對了一半。雖然不能說有很多錢就一定會幸福，但如果沒有錢的話，就只能陷入不幸的泥沼之中。如果一輩子都過著經濟拮据的生活，根本無法指望幸福，沒有人願意過那樣的生活。

不久前，我看到了一篇反映了社會淒涼景象的報導。這篇以《失去「關係」的韓國人》為題的報導分析表示，真人比例情趣娃娃的進口爭議，其實是源自於渴望人際關係的心理扭曲。該報導認為現代社會人際關係斷絕的原因，就在於經濟困難。社會上的人際關係，特別是結婚或異性交往，也因為經濟困難而萎縮，這也是日本當下正在面臨的嚴重社會問題。

沒有錢就難以與人建立人際關係，生活品質也會下降，這是不爭的事實。如果就連這樣都還要說錢一點都不重要，簡直是自打嘴巴，我認為不管再怎麼強調金錢的重要性都不過份。人們常會把對金錢認識不足的原因歸咎到儒家思想，但做為儒家思想發源地，中國人的金錢觀可是截然不同。

如果教導人們提到錢是一種低俗的事，簡直就像是明明生活在資本主義社會中，卻要人民迴避資本主義一樣諷刺。我們需要再更坦誠一些，雖然人生在世錢不是萬能，但沒有錢卻是萬萬不能。

人們質問我為何那麼愛錢的理由，大概是因為我一直強調「錢的重要性」，而被認為是金錢的奴隸，但這是錯誤的想法。「成為金錢奴隸」和「重視金錢」是兩個完全相反的概念。反而是那些對金錢不屑一顧的人，才會成為

世界各國正式退休年齡和實際退休年齡

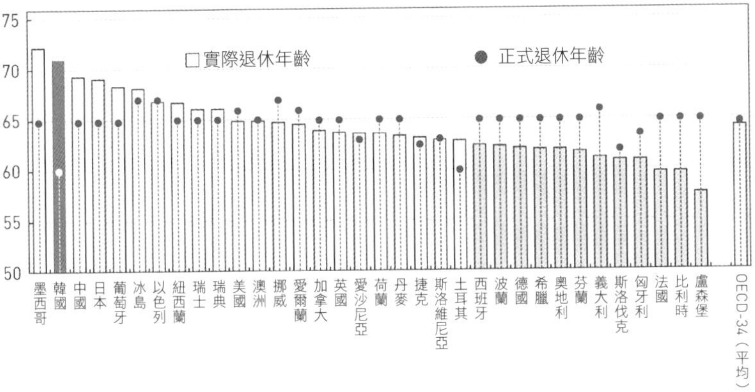

出處：OECD

金錢的奴隸。這些人面對金錢時裝出一付清高的模樣，輕視且浪費金錢。貧窮是什麼呢？就是被錢牽著鼻子走。即使有想要做的事情，但因為沒有錢而不能做；即使想要退休，但因為沒有錢而只得繼續工作。因為經濟因素而無法退休的國家排名中，韓國高居第二位，這真是令人惋惜的事實。韓國年長者的貧困比例是世界最高，同時年長者的就業率也位居世界首位，這就是對金錢的理解與管理不足所導致的結果。

65 歲以上老年人每 10 萬人的自殺人數

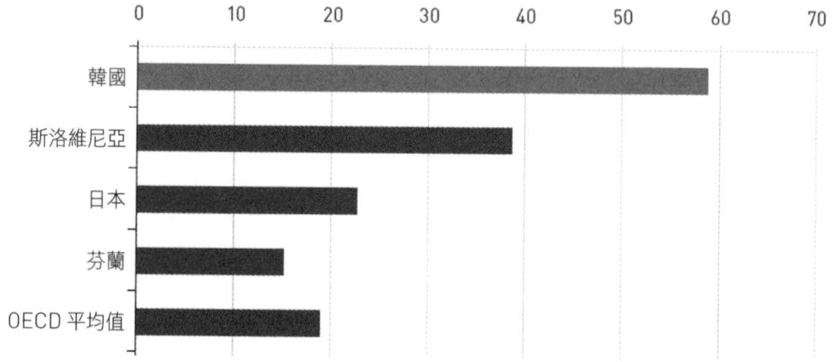

出處：保健福祉部，二〇一九年。

老年人想自殺的理由

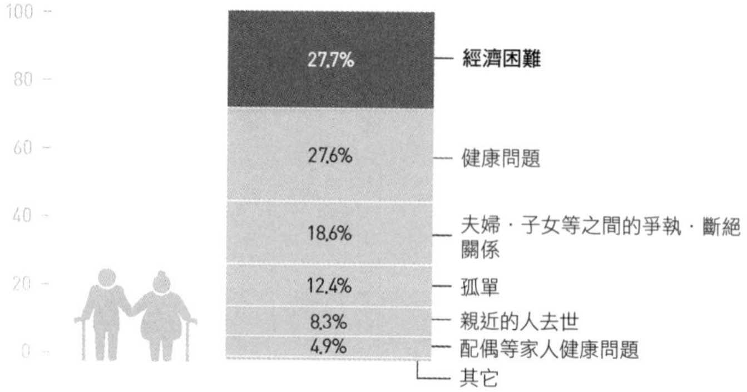

出處：韓國保健社會研究院

韓國老年人自殺率也是全世界最高，根據保健福祉部公部二〇一九年的資料顯示，以二〇一五年為基準，韓國六十五歲以上老年人自殺率（每十萬人口）是五十八・六人，遠高於OECD成員國的平均值十八・八人，並且和第二名的三十八・七人也有相當大的差距。[1]造成老年人自殺的第一大原因就是經濟困難。有過自殺念頭的六十五歲以上的老人中，有百分之二十七・七表示是因為經濟問題，真是令人非常遺憾的事實。

「因為錢」不得不為五斗米折腰，做著不想做的工作、過著艱困的生活，這不才是真正的金錢奴隸嗎？

如果不想成為金錢的奴隸，就要儘早和身邊的人開啟以金錢為主題的自然對話，與家人開誠布公地聊聊關於消費、節約、投資等話題，並嘗試實踐。特別是一定要教導孩子金錢的重要性，讓他們具體共享父母的收入、支出和負

1. 根據衛福部統計，臺灣一〇九年六十五歲以上年長者的粗死亡率則為二十六・二人（每十萬人口），同樣高於OCED平均。（資料來源：請參考本書第220頁。）

一般人與有錢人消費項目的差異

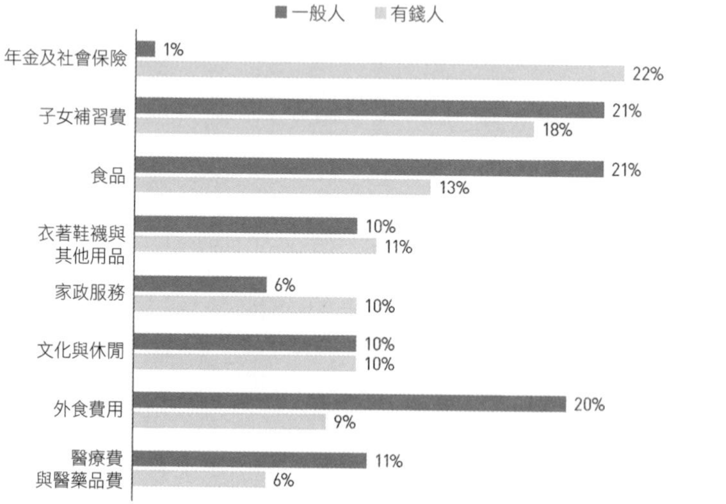

出處：Hana 金融經營研究所，2015 Korean Wealth Report

65 歲老人貧困比例

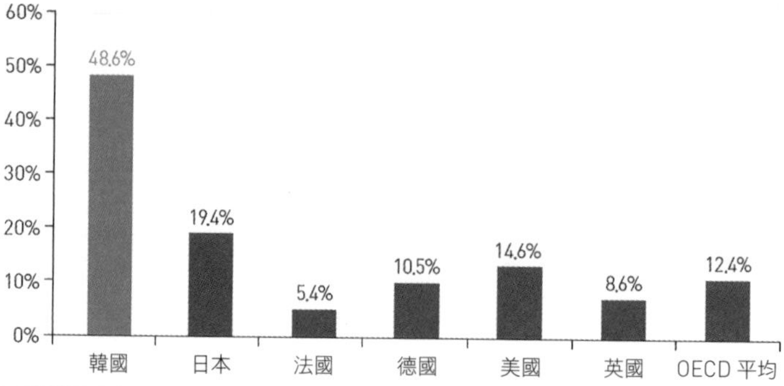

出處：OECD[2]

債，引導孩子自然而然地參與家庭的經濟生活。有許多父母沒有多想就把信用卡給孩子使用，這個行為非常危險。因為孩子還不了解賺錢的過程，沒有機會擁有節省支出的經驗。不想成為金錢的奴隸的話，就必須從打從心裡重視金錢開始。

創造財富的生活方式 VS 破壞財富的生活方式

在這世界上的生活方式大致可分為兩種：創造財富的生活方式，以及破壞財富的生活方式。如果第一種生活方式是減少不必要的支出，為了退休生活提早開始投資，那與自己的收入相比，過度支出的生活方式就是屬於後者。如果

2. 根據全臺家庭收支調查報告，最低所得組家庭，超過五成，是戶長六十五歲以上的高齡家庭，估計有九十六萬戶，和其他年齡組比較，可支配所得和消費支出，也都是最低，生活最為困難。（資料來源：請參考本書第220頁。）

你現在還不是有錢人，請冷靜地回顧一下自己的生活方式吧。你的生活方式是在創造財富？還是在破壞財富呢？

非常遺憾的是，大多數人的生活方式屬於後者。許多人一邊說「沒有多餘的錢可以投資」，一邊卻毫無顧忌地花錢。朋友聚會時不會馬上結束，總是要續個兩三攤才肯罷休，還經常可以看到豪邁地爭相買單的情景；又或是在購買高價位衣服、首飾、化妝品、包包時一點也不手軟，看到別人就覺得自己也非買不可。

二〇一五年的調查顯示，一般人花費在子女補習費、食材、外食等費用佔了總收入的百分之六十以上，用於退休準備的金額卻僅佔百分之一左右。相反地，有錢人為了退休準備，會將約百分之二十二的收入投入在退休年金及社會保險上。這種生活方式的差異會帶來老後生活的差距，同時也拉大了貧富差距。

儘管到處都正在上演「下流老人」的悲慘現實，但是對於自己老後生活沒有迫切感的人，比起拿錢投資，更傾向於為了擁有「看起來富足」的生活，每天不加思索就掏錢買杯昂貴的咖啡。我們都需要減少這種習慣性浪費的智慧，將省下的金錢轉換成退休生活所需的投資本金。

02 無法致富的三大原因

我們不是要看起來像個有錢人，而是要成為有錢人。以下介紹韓國人之所以無法致富的最主要三大原因。

「看起來像富人」的生活方式

回國後令我感到新奇的事情之一，就是人們的開銷。即使是手頭不寬裕的人，也會開著昂貴的自用車，享受在百貨公司購買名牌貨的樂趣，或是毫不猶豫地出國旅行。人們也總是熙熙攘攘穿梭在街上，享受著吃喝玩樂。每當我看到這樣的光景，總是無比擔憂，因為我看見了他們的未來：為了看起來像富人，卻與富人的道路漸行漸遠。

年輕人多半也是這樣的生活方式：一天喝好幾杯昂貴的咖啡，對昂貴的衣服或化妝品出手闊綽。雖然很多人抱怨沒錢、薪水低，但只要存到一點點錢，就在出國旅遊時全部花掉，甚至還用信用卡分期付款，負債旅遊，將出國玩視為理所當然。這樣的韓國也存在著「三拋時代」[3]、「地獄朝鮮」[4]、「土湯匙」[5]、「小確幸」、「YOLO」[6]等流行語。雖然大家都說因為工作難找，所以生活辛苦、經濟困難；但看到機場的眾多人潮時，有誰會相信經濟不景氣呢？是因為覺得反正也無法致富，所以寧可現在痛痛快快花錢，盡情享受人生嗎？

---

3. 指現代年輕人對「戀愛、結婚、生小孩」怯步，甚至拋棄與放棄。
4. 指韓國是一個如同地獄、看不見半點希望的社會。
5. 與「金湯匙」相反，意指家境貧困。
6. 「You Only Live Once」（你只活一次）的縮寫，有「及時行樂」之意。

近十年間收入對比負債現況

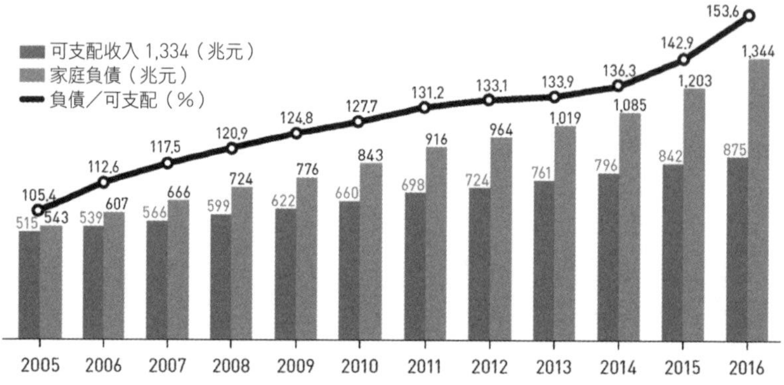

出處：韓國銀行（單位：韓元）

如果認為不管怎麼努力工作都無法致富，人們就會失去節省金錢的慾望。不管賺多少，都全都拿來吃吃喝喝、花錢享樂，享受當下的快樂與幸福。雖然微小而確實的幸福，也就是所謂的「小確幸」，的確會令人感到甜滋滋；但愈是深陷消費的甜蜜之中，就愈會加快貧困的速度。這時如果突然收入中斷或生了病，就會立刻跌入貧困階層。

我們不是要活得「像」富人，而是要成為富人。如果你現在不是富人，就不該試圖模仿他人的

每月 30 萬韓元定期定額買入三星電子，持有 30 年後的價值

年度	1989 年 10 月	1999 年 10 月	2009 年 10 月	2019 年 10 月
投資金額（萬元）	30	3,630	7,230	10,830
每股價值（萬元）	30	27,209	184,856	852,556
累積報酬率（%）	100	750	2,557	7,872

*1 韓元 =0.024 新臺幣，2021 年 8 月匯率。　（單位：韓元）

生活方式。

社會中瀰漫著這種錯誤的消費型態，該歸咎於人們對金錢錯誤的理解。千萬不要有覺得自己再怎麼努力工作存錢，也不可能成為富人的想法，而放棄一切。致富之路其實近得令你吃驚——只要改變想法就能做到，你必須摒除那些「不可能」、「那樣的時代已經過了」念頭。只要將過度消費的生活方式轉換成投資的金錢，奇蹟就會發生，因為這就是複利的魔法。

例如，一天要抽一包菸和買兩杯咖啡喝的人，只要戒掉香菸和咖啡，每天就能省下一萬韓元（約新臺幣兩百四十元）。假設從一九八九年十月開始到一九年十月，三十年來

1989 年～ 2019 年三星電子股價與累積投資報酬率的變化

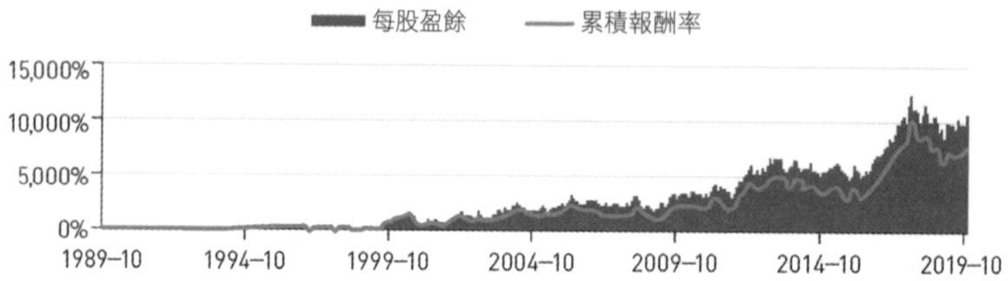

* 將 1989 年 10 月 1 日定為 1 時的收益率，不考慮配息等，單就股價來看的標準。

每個月定期定額買入三星電子股票並長期持有，所投資的股票價值就會如下列表格所示，增值到八十五億韓元（約新臺幣兩億元）（單純以股價為標準，未考慮配息等）。如果把這段期間的配息也算進去，金額會更高，這就是複利施展的魔法啊。

儘管如此，人們之所以還是會提前放棄投資，並不是因為沒錢投資，而是因為沒有切身體會成為金錢奴隸的嚴重性，也不懂只要投資小錢就會滾成大錢的複利魔法。

光是省下一杯咖啡就可以存下很多錢，如果能減少更大的支出，那可以成為多有錢的人呢？當人們喝著啤酒時，應該要把買啤酒的錢拿去買那家啤酒製造商的股票才對。將無意識下重複浪費的支出改拿去投資股票或股票型基金，就能在增加資產的同時，體會到比消費多上數十倍的快樂。

持續消耗金錢的自用汽車

我在首爾最感激的事之一，就是不需要開車。在破壞財富的生活方式中，繼補習費之後，最具代表性的就是汽車相關支出。我回國後就沒有再買車，因為覺得沒那個必要。韓國城市的大眾交通系統堪稱世界一流水準，而且費用相當便宜。只要用手機就能知道地鐵路線圖，公車時刻表和公車即時動態都可以一手掌握，公車站的電子螢幕也會親切地顯示到達時間，何必放著如此便利的大眾交通網不用，買輛車來讓自己不方便呢？雖然有些人會覺得我只搭公車或地鐵很奇怪，但我一點都不介意。在美國是不得不買車，但在韓國完全不需要。

首爾市民持有自用車的月平均花費

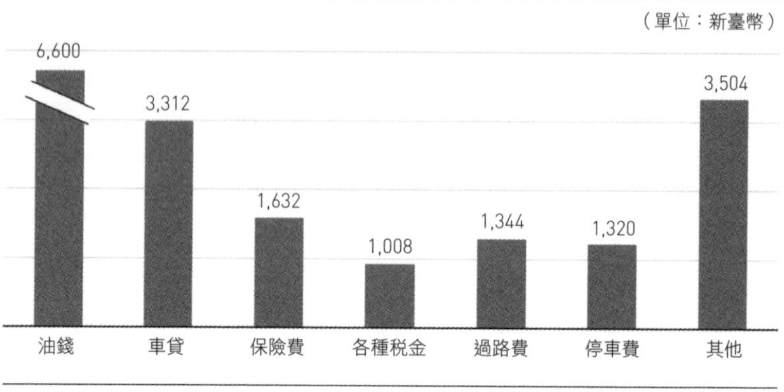

出處：首爾研究院，二〇一六年。

在我紐約的前公司裡，年薪較高、住在紐約市區的大部分同事都沒有車。因為汽車從購買的瞬間就開始折舊，這價格差異就是損失。非必要情況下，把買車的大筆資金，投資到未來價值會上升的股票，才是明智的選擇。這就是世界級富豪「股神」巴菲特（Warren Buffett）的汽車哲學。巴菲特直到二〇一四年都開著他二〇〇六年型的美國汽車，甚至還被他女兒抱怨「車子太老舊了，實在很丟臉」。他在二〇一四年買了一輛價值約六千萬韓元（約新臺幣一百六十萬元）的美國汽車，對此有人批評「一點都不像世界首富，太寒酸了」。但正是因為這樣的差異，巴菲特才會富有，一般人才會貧窮。

汽車是阻礙人們退休準備的重大障礙物之一。從交車的那一刻開始，新車就變成中古車，價值也大打折扣。為了擁有一臺車，從分期付款、油錢、保險費、稅金、保養費、到維修費等，每個月都要不斷支出金錢，長期加下來也是一筆不小的數目。車輛愈昂貴，保養費用就愈高，在購買自用車的同時，你的財富就會急遽減少，讓你蒙受損失。

根據統計顯示，如果想在首爾擁有一輛車，每個月平均要花費約七十八萬韓元（約新臺幣兩萬元）（首爾研究院，二〇一六年三月調查結果）。如果每年省下這筆錢，投資年報酬率為5％，那三十年後就能創造出約六億五千萬韓元（約新臺幣一千七百萬元）。就算每年花掉六十萬，這筆錢也可以花上三十年啊！只要不買車，就能對退休準備有很大的幫助。

追求當下的快樂沒有不好，但如果是會讓人生變得不幸的事物，就一定要阻止。各位的優先順序是什麼呢？是享受一時消費帶來的短暫快樂？還是財富自由呢？

不必要的補習費

韓國是OECD國家中老年人貧困率及預期壽命最高的國家，讓老年人長期生活在貧困、悲慘狀態的元凶，就是補習費。根據統計資料顯示，無法儲備退休金最大的原因，就是子女的補習費及結婚資金。

父母們將補習費視為當然且必要的支出，如果無法讓孩子補習，就彷彿天要塌下來一般。我每次看到每個月支付數萬補習費的人，實在覺得他們的心臟很大顆。並不是花愈多錢補習，孩子的學業成績就能達到相對的表現；就算現在讓分數稍微提高一點，也不代表未來就會生活一片光明，為何要把這麼多錢全都耗在補習費上呢？

因此每次我在演講時都會詢問聽眾，為什麼會認為一定要花那麼多錢在

無法儲備退休資金的原因

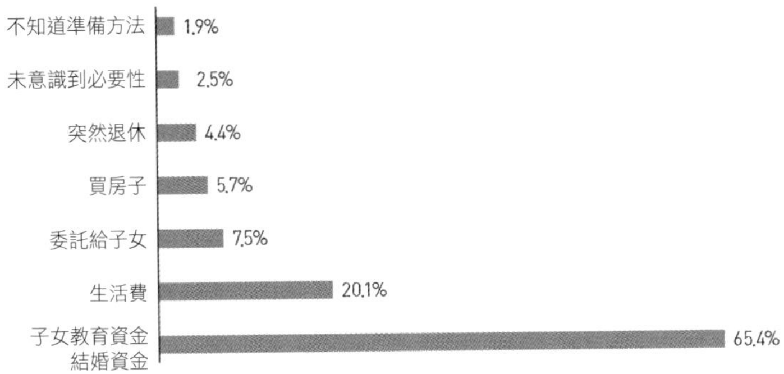

出處：〈每日經濟〉．韓國家庭經濟研究所調查，二〇一四年。

補習上呢？大部分的人都是這麼回答的：「其實我也很清楚補習費會是一大筆支出，但別人家的孩子都在補習，不能只有我家的孩子不補啊。」

言下之意是「因為擔心自己的孩子進度會比別人落後」，雖然可以理解這種急切的心理，但這絕非合乎常理的答案。單純只是因為擔心孩子的成績落後，就要毀了自己的退休生活，讓下一代也延續貧窮嗎？這樣不但剝奪了家庭幸福，甚至還會造成國家的巨大損害，不覺得這種龐大支出背後的理由實在很沒說服力嗎？不管再怎麼勸說還是要送孩子補習的原因，竟然只是因為的「別人家的孩子也在補習」。

很多人認為如果不好好唸書，考不上好的大學，人生就等同於完蛋，但是這絕非事實。優異成績和名校學歷並不是直通致富的道路，如果孩子對讀書沒那麼興趣，省下補習費拿來投資，當作孩子未來的創業基金也很好。這麼一來，孩子能致富的機率會比會讀書、考得進好學校，畢業後成為上班族的孩子高上更多，這是不證自明的事實。

根據統計資料顯示，補習的市場規模達到每年二十億韓元（約新臺幣五千兩百萬元），學生人數不斷減少，但補習費支出反而持續增加。我們真要讓孩子飽受考試跟成績的折磨，並為此犧牲自己的退休資金嗎？過度的補習費用支出，導致孩子們失去了快樂的學校生活，也導致了國民的貧窮。父母的錯誤判斷，不但讓自己和子女陷入不幸之中，也削減了國家的競爭力。雖然的確有喜歡讀書的孩子，但也有很大一部分的孩子是對讀書沒興趣的。如果讓「當學生就要會唸書」的邏輯支配整體社會，對討厭讀書的孩子來說，每天不都會像地獄般煎熬嗎？韓國大考應試學生人數約為五十萬名，但前面名校的入學學生總數只有大約五萬名，那麼剩下的四十五萬名學生，他們的絕望感會有多深呢？即使如此，父母們為了逼孩子念不喜歡的書，還是把許多金錢投入補習費，犯下孤注一擲的錯誤。如果孩子畢業後求職不順遂，那又會如何？就算找到工作，在經濟上也不會有太大的幫助。如果用這一大筆錢提早開始買股票或是基金給孩子，等孩子大學畢業時，至少也會有上百萬甚至千萬的資產啊。大學畢業後煩惱找不到工作的孩子，跟擁有百萬資產的孩子相比，誰才會成為更幸福的有錢人呢？應該要選擇哪一邊，答案是如此顯而易見，但是真的要人們付諸實行卻是如此困難。

這樣的補習費支出對孩子們來說也是相當大的災難，本來應該快快樂樂玩耍、能夠有天馬行空的思考空間，應該多多培養創意力的童年時光，大部分卻都在補習班裡度過，我對於把這一切視為理所當然的社會感到相當惋惜。珍貴的資金竟然被用在降低子女的競爭力、使父母變得貧窮，還毀了老後生活，這樣的事實真令人無言以對。

巨大的補習費支出是要付出代價的。這不僅讓人們的老後生活面臨最糟的

白手起家富人的特徵

- ✔ 卓越的道德感、勤勉性，社交能力
- ✔ 好奇心強
- ✔ 投資
- ✔ 積極正面的思考方式

出處：Thomas Corley, ‘Rich Habits’

狀況，貧富差距也將不斷擴大，人們變得不幸，並且產生大量的負面思考方式與語言，諸如小確幸、享樂主義等詞彙麻痺了我們的生活。這樣的副作用已經深深影響了我們的社會，即使老人自殺率高居世界第一、出生率位居世界末位的真正理由就在於此，卻不見人們對此有所意識。

如果將補習費轉換為投資本金，各位與各位的子女就會有更高的致富機率。一整天待在補習班的孩子不可能擁有多元的想法，如果沒有多元的想法，就會漸漸降低致富的機率。如果每年花費將近二十億（近新臺幣百萬元）的補習費，能夠用來做為子女的創業基金，國家肯定會會有了不起的發展。

最近在美國針對幾位富豪進行採訪，並且發表了他們的特徵調查結果，發現了他們有著四大共同點：

第一點，高道德感。雖然有錢人和道德感兩者間似乎沒有太大關聯，但只要稍微想想，就會發現其中關聯。道德感高的人能帶給他人信任感，能夠聚集周遭人心，讓想要和他一起合作的人愈來愈多。

第二點，擁有強烈好奇心。他們喜歡挑戰新的事物，具有積極正面的思考方式。

第三點，在國、高中就有賺錢的經驗，透過這樣的經驗熟悉資本主義的系統與金錢的流向。即使錢不多，但至少有過體驗，這對熟悉大筆資金的流動很有幫助。

第四點，從小就開始投資。即使只有一點點，透過長時間的投資經驗，也會領悟金錢運作的方法。

在這裡可以發現一個重要的事實：「會唸書」並不包含在富人的特徵之中，就算不會唸書，也不會對致富之路造成任何阻礙。如果想要子女真正成功，成為富人過著幸福生活，父母應該做些什麼呢？有錢人的實際生活不就已經擺在我們面前了嗎？補習費用也是加重家庭經濟負擔的主因之一。

真正讓人無法理解的事，明明大家都知道有很多問題，卻沒有任何人付諸行動。如果父母親夠明智，就應該要將過多的補習費轉作為孩子投資的本錢。不是每個孩子都只有唸書一途，比起把孩子培養成會唸書的人，把孩子培養成富人不是更好嗎？實際上，比起讓討厭讀書的孩子變得會讀書，讓孩子成為有錢人應該更容易。會花大筆金錢讓孩子讀書學習的理由，不就是想讓孩子以後能過上富裕的生活嗎？

減少補習費用支出，把那筆錢轉換成可以讓孩子財富自由的資金吧。減少對孩子的干涉，讓孩子可以自己開拓未來。孩子跌倒了，要教導孩子扶著地面站起來，但父母們卻總是不讓孩子自己扶著地面。如果真心想要讓孩子擁有富饒的人生，比起補習，更應該早一點開始為子女投資才是。只要把補習費存下來投資，當孩子長大成人時，這筆資金不僅可以運用在就業，如果想創業，也可以當作創業資金。

我見過的許多退休人士，或是即將退休的人們，大部分都相當後悔在補習費上的過度支出。世界發展得如此快，我們的教育體系卻繼續沿襲已過時的系統，我對這樣的事實感到相當遺憾。

全球標準的教育

我回國後，有一次要到某個女中對高二學生演講。接受演講邀請後，前一天我仍在苦惱著該説什麼才好，因為想知道現在的高二學生最關心什麼，我便決定要請在美國念高二的兒子幫忙給點意。但是兒子卻給了我出乎意料的回答：「大人們不理解孩子，不管你説什麼都不會打動人心的。」聽了兒子的話後，使我打消了草率給予忠告的念頭。

演講當天，老師也事先提醒我，意思大概是説大部分的孩子前一天都補習到很晚，可能會打瞌睡，或是不太會發問，叫我別放在心上。聽到這話之後，我的心無比沉重，正值應該要多接觸事物並且享受各種趣味的年紀，孩子們卻都在補習班浪費時間。這樣的事實不僅直接關係到每個學生，也關係到國家的競爭力。我們應該要培養有國際觀的孩子，但我們的教育系統卻只想把孩子們培養成讀書機器；孩子長大後應該是要和全世界的孩子們競爭，我們卻讓孩子們只會和身邊朋友們不斷競爭。就算現在考試拿高分，對未來的人生也不會有太大的幫助；進入名門大學也不代表能有成功的人生，特別是與賺錢成反比。父母能向朋友們炫耀的僅限於此，不會更少，但也無法更多了。

所以我告訴學生們：讀書不是人生的全部，如果真的很喜歡讀書，努力唸書當然是對的；但如果並非如此，即使適可而止也完全不成問題。我一再強調要他們記住除了學習，還有更多有趣的事，並建議他們把上家教或補習的費用拿去投資。孩子們的反應驚人，提問也相當踴躍。那天我對學生的眼神非常感動，也覺得國家還有希望。

我相信父母們和短視近利的教育體系正在摧毀寶貴的下一代。不要因為忽視多元發展的錯誤教育系統，浪費掉孩子們的高度競爭力；而是應該讓孩子們能在自己感興趣的領域中尋找更大機會，培養出能和全世界競爭的孩子。現在我們需要的不是韓國標準，而是全球標準。

03

「金融文盲」是種病，還是惡性傳染病

「文盲雖然會讓生活不便，金融文盲卻會讓人無法生存，比文盲更加可怕。」這是擔任FRB（美國聯邦準備理事會）主席長達十九年的艾倫·葛林斯潘（Alan Greenspan）曾說過的話。

金融文盲就是指金融知識不足，未能正確管理或利用金錢的人。不懂資本主義、財富原理與金融等方面知識的人，與有相關知識者相比，在經濟能力上難免會顯得不足或落後。擺脫金融文盲的人會愈來愈富有，相反地，仍是金融文盲的人會愈來愈貧窮，這是不爭的事實。

美國號稱金融強國，但金融文盲的比例竟然也高達百分之五十。據說美國的知名運動員雖然享有高額年薪，但其中有百分之五十的人在退休後申請破產。年薪明明比一般上班族一輩子賺的錢都還要多，竟然還是會破產的原因究竟是什麼呢？答案相當簡單——因為他們是金融文盲。這個事實也證明：在實現財富自由的過程中，比起年薪多寡，金融知識與生活方式要來得重要太多了。如果一個人是金融文盲，那就算賺了再多的錢，也有可能淪落到破產的下場，所以金融文盲才會如此可怕。

如果只是單純減少月薪中的生活費支出，把錢拿來儲蓄，也是無法實現財富自由的。要能夠讓錢滾錢，也就是理解金錢如何運作，這才是實現財富自由的必要條件。

金融文盲最嚴重的國家就屬日本。日本是世界最高齡的國家，但由於國民缺乏金融知識，所以無法好好為退休後的養老做準備。特別是平均壽命高達八十七歲的日本女性，有許多人因為沒做好退休準備而導致晚年相當辛苦，是典型的弱勢族群。有八成日本人的資產都跟銀行存款或不動產綁在一起，不了解以錢養錢的概念，而且到目前為止都仍深陷在這樣的狀態中，導致日本長期以來未能擺脫停滯的狀態。據說，大部分的日本人對投資股票感到羞恥，因

亞太 16 國女性對金融理解指數

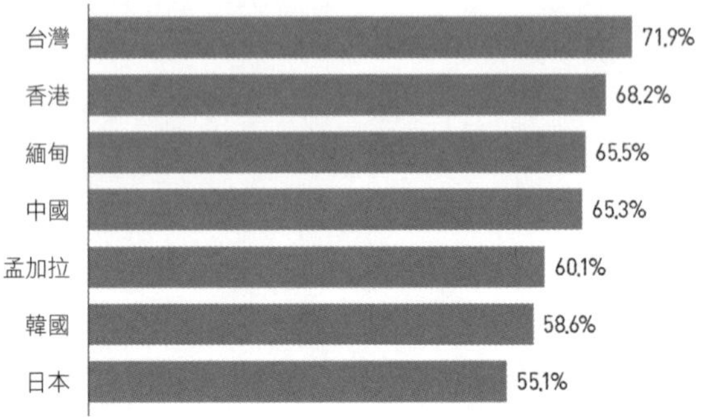

出處：《每日經濟》．萬事達卡，2014。

為他們認為投資所獲取的成果，是不勞而獲的所得。由於對股票的理解不足，餘裕資金無法進入資本市場，因此在日本很難找到像美國一樣革新的企業。

《每日經濟》與萬事達卡在二〇一四年七至八月，以亞太十六個國家一萬兩千五百七十四名女性為對象進行調查，結果如上表。很遺憾地可以看到，韓國是金融文盲世界第二嚴重的國家。每當我提到韓國是金融文盲國家時，大家就會不高興地反駁：「韓國的經濟規模或金融系統不亞於其他先進國家，竟然說我們是金融文盲國家？」但是否為金融文盲國家，跟金融機關的規模或金融系統沒有絕對關係，而是取決於一般人對金融的理解程度，以及對用錢滾錢概念有基本了解的人口多寡。

究竟我們的金融文盲比例有多高呢？雖然沒有具體的資料，但肯定超過百分之九十。因為我遇到的人之中，十有八九都抱持錯誤的金融知識。許多人跟日本人一樣，將大部分的財產綁在不動產或是銀行儲蓄中，完全沒有在為退休後的生活做打算。因為無法擺脫保障本金的偏見，這九成以上的金融文盲，只能繼續面臨經濟上的困難。

更令人心痛的事實是：就連更應該好好學習金錢知識的孩子，大人也試圖將他們教導成金融文盲。曾經有位國小老師因為想要讓孩子們認識金融，邀請我去進行投資股票相關演講，我欣然答應也排定好了日期。但幾天後，那位老師再度跟我聯絡，告訴我因為校長以「不可以教孩子們股票那種投機賭博的東西」為理由堅決反對，所以只好取消演講。這就是金融文盲校長，將年輕學子的未來往錯誤方向引導的例子，令人相當惋惜。

金融文盲是種病，而且還是惡性傳染病。這種傳染病不僅會破壞一個人的經濟狀況，還會傳播到周遭其他人的身上，最終連國家競爭力都會被鯨吞蠶食，這就是金融文盲國家的現狀。

擺脫金融文盲，比起任何事情都要來得重要。這並沒有想像中困難，也不需要宏偉的理論；雖然金融術語看起來可能有些困難，但是大部分並不脫離常識的程度。只要擁有簡單的金融知識、改變生活方式，以及在日常生活中實踐的能力，就能擺脫金融文盲。我們需要理解資本主義，明白資本運作的原理，並了解複利機制，而且要減少錯誤支出，將其轉為投資的勇氣。

我們要記取日本走向錯誤的教訓，邁向財富自由之道。當高達百分之九十的金融文盲比例大幅下降，讓更多人獲得財富自由，才能使人民更加富裕，國家也才能更加富強。

要致富，就必須了解金融

我所認識的富人們，不僅在自己所屬領域相當有成就，同時也對金融有相當了解。下面舉我認識的一位牙醫為例。他開了一家牙醫診所，累積了不少財富，但是他並不滿足於此。因為他明白：靠看病能賺到的錢，在時間上是有限的，再努力工作都無法克服那個限制。所以他開了一家公司，專門輸出牙科專用醫療機器。一開始，大家都對他醫生當得好好的，卻突然開始做生意感到驚訝。但他身為醫生，將自己累積的經驗與事業結合，雖然在起步時也遇過困難，但在之後成為了相當富裕的有錢人。

我曾在拉札德公司（Lazard）工作，雖然它現在是家金融企業，但一開始其實是在美國淘金熱時生產牛仔褲布料的公司。創辦人很早就領悟到：與其淘金，倒不如賣牛仔褲或鏟子才會賺大錢。同樣的道理，比起將得來不易的錢浪費在補習費上，倒不如去買補習班的股票，才是明智之舉。

我在韓國認識的某位女性 CEO 的故事也相當有趣。她本來是人人稱羨的醫生，明明可以過著平凡安穩的生活，卻成立了公司，還擔任社長。後來她成為了非常富裕的有錢人，這樣的故事實在太多了。成功的人拒絕過平凡的人生，他們不是為了他人，而是為了自己工作。這些人存錢、賺錢的同時，也相當瞭解金融。所謂的金融，簡單來說就是將積攢下來的錢，用錢滾錢的方式賺錢的方法。因此不管在哪個領域工作，都必須要理解金融，懂得讓資本有效運作的方法。

各位希望自己的下一代成為怎樣的人呢？老話一句：將鉅額資金投注在補習費，讓子女們被困在補習班裡直到深夜的教育，是無法讓孩子們享受成功的。與其把錢投入補習，倒不如幫孩子從小開始投資股票，培育孩子成為一個金融人。

即使從國家角度來看，培育金融方面的知識也是勢在必行，因為附加價值很高。當所有行業都發生革新，人民對金融有充足了解之際，國家就會變得強大。

04 選工作時，你覺得錢重要嗎？

最受韓國大學生歡迎的職業是公務員，每年有多達四十四萬的年輕人會準備各種公務員考試。每年國考的競爭率都高達數十至數百名取一的程度。根據某機關調查，約百分之六十的大學生有意願或正在準備公務員考試，而且諸如教師、公務員、國營企業職員等，都是理想配偶職業中名列前茅的職業。

相反地，想要創業的學生卻是相當罕見。比起在中國，有百分之四十的大學生想要創業，韓國與日本卻只有百分之四與百分之六。不過，希望各位不要誤會我對公務員有偏見，我的觀點絕對不是那樣。我只是驚訝於竟然有這麼多年輕人偏好公務員這種無法致富的職業罷了。

為什麼這麼多人想當公務員呢？也許是「終身職場」的概念瓦解，凸顯了

父母偏好子女職業的順序

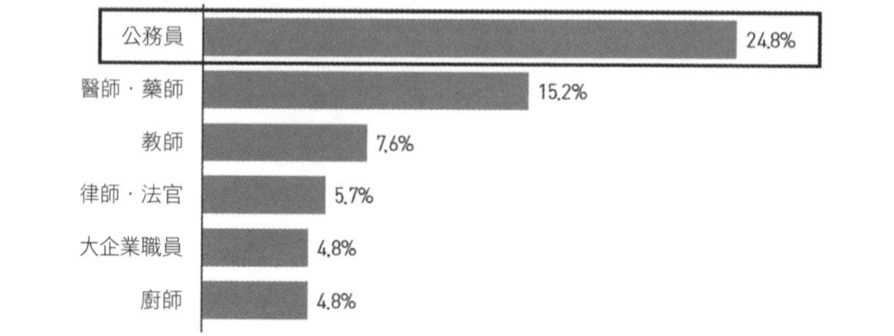

出處：Job Korea

公務員的鐵飯碗能保證工作到退休的穩定性。除了不用擔心會被解僱，退休後還有退休金可領，所以大家當然會覺得很不錯。每個人對於職業都有各自的觀點，考量職業的選擇時，務必要謹慎行事；但我有時也會覺得，在選工作時，最重要的考量難道不是錢嗎？如果是基於「鐵飯碗」這種理由，才想要當公務員，有可能會忽略了金錢的重要性。雖然成為公務員的確不用擔心會丟了飯碗，但也不可能會大大致富，只能離實踐財富自由愈來愈遠。

千萬不要誤以為「認真唸書，進好公司工作」就是過好生活的唯一途徑，要透過考試得來的工作成為富人，實際上可能性是很低的。在全國各地都可以看到補習班充斥，因為相信能夠透過考試致富的人實在太多了，這個景象在國外可是難得一見。

為了擠進國考門檻，大家都往補習班跑，結果發財的根本不是考生，而是開補習班的人啊。另外，許多企業會透過考試挑選員工，對我來說也難以理解。工作能力和會不會考試完全無關，但很多時候，我們都還是以考試來解決一切，明明生活在二十一世紀，職業觀念與徵才標準卻還是活在過去。

我所認識的富人，大多有著與他人不同的思維方式。比起在升學補習班認真唸書、進入好學校、在大公司工作的人，補習班老闆們可是更有錢。

我在美國時曾任職的拉札德公司，其故事也是相當有名。懷抱美國夢的拉札德兄弟，在一八〇〇年代時從法國移民到美國，在美國淘金熱時期創造了巨大的財富。當所有人都想靠挖金礦來變有錢時，拉札德兄弟靠著賣給他們牛仔褲布料致富。在經濟不景氣導致就業困難的美國一九八〇年代，真正賺大錢的也不是那些有上班的人，而是以如何找工作為主題寫書的作家，這個事實也是我們該關注的部分。

在資本主義社會裡，光靠月薪是幾乎不可能致富的。那些靠勞力與時間換取的工資，並不會自己擴張。我們必須理解，在那些我們付出勞動的時間裡，也要讓資本一起運作才行。擁有股票就像是擁有公司一樣，也就是說擁有擴張性。企業的主要目的，就是要儘可能用最少的費用，增加最大的收益，將利潤最大化。站在公司的立場，員工的薪水也是要節省的對象。公司只是發給員工不至於離職程度的薪水，用節省下來的錢來幫資本家增加資產，僅靠薪水難以致富的最基本原因就在於此。

我們身處資本主義社會，應該深入思考資本主義與自己的關係。資本主義是如此重要的議題，但不管是家庭或是學校卻都不教導。只有渴望成為富人，能理解資本主義與其原理，並懂得利用它的人，才有可能實現財富自由。

最受美國法學院畢業生歡迎的職業，第一名是華爾街大型金融企業或法律事務所的律師，雖然工作量非常大，但伴隨而來的是相對應的高額年薪。相反地，最不受歡迎的職業是檢察官，因為年薪太低了。在選擇職業時，把錢視為最重要的標準，這一點也不奇怪。

領悟金錢重要性的人，不會賦予穩定性雇用職場太大的意義。有錢人是拒絕停留在只領月薪的上班族生活、渴望成為資本家的人們，因此當然會懷抱創業的夢想。如果創業困難，他們會為了要找到能賺大錢的職業而不斷努力。隨著有能力選擇附加價值高、高所得職業的年輕人增加，對國家也相當有利，只有當每個人都成為富人，國家才會跟著富強。但奇怪的是，你很難找到有年輕人以成為富人為目標。因為就社會氛圍而言，如果把想成為有錢人大剌剌掛在嘴邊，就會被視為膚淺，甚至被認為眼中只有錢。

社會上普遍對有錢人存在負面看法，也就是仇富心態。如果你對有錢人也抱持負面看法，應該立刻改變想法，選擇富人的道路，去渴望成為一個有錢人。要有足夠的錢，才能幫助有困難的人，對社會有更多貢獻，不是嗎？不光是自己，讓孩子成為富人的教育，也應該優先於任何教育。聽說猶太人之所以追求致富的最大理由，就是被教導必須「幫助有困難的同胞」。

美國人也喜歡富人的故事。因為他們很想知道一個人為了致富所做出的努力、在過程中犯了哪些錯誤、推動世界發展的創意、能形成財富的有價值計劃等。而且在美國，有很多透過自己的財富，為社會發展做出巨大貢獻的富人。在美國，「富人」不單純指有錢人，還包括期待擁有與財富匹配的品性與哲學的意思。這樣的富人，難道不值得成為我們的目標嗎？與其讓孩子們擁有成為學霸的夢想，我們更該讓他們擁有成為富人的夢想。

05 別被「保障本金」給綁住了

「我曾經買過基金，結果虧損了百分之二十啊，我從那之後就發誓不再投資。」

這段移到上一段後面很多人會說自己雖然也想投資，但又害怕會虧本，因此對投資有所顧忌。其實，很多人都會要求理專介紹能保障本金的商品。他們大多數無法擺脫保障本金的偏見，當大部分退休資金都被保障本金的商品綁住時，個人的資產就無法有效運作，這也是造成經濟長期停滯的原因之一。

沒多久的三十年前，美國還在擔心製造業許多領域落後日本，國家經濟地位會被日本超越。但即使是現在，美國仍處於比日本更有優勢的地位。日本和美國之間的決定性差異是什麼呢？那就是美國選擇了勞動與資本最有效率的工作方式；相反地，日本卻信奉終身雇用制度，無法正確、有效地利用以錢賺錢的方式。在美國導入了所謂的 401(K) 的退休金制度，鼓勵上班族將一部份的收入長期投入股市，藉此讓資金流向創新的新興企業，形成良性循環。投資者們透過投資創造了立足之地，實現退休準備的可能性；另一方面，國家也藉此獲得維持競爭力的契機。相反地，日本則將經年累月的資本集中投入銀行存款和房地產，造成經濟上持續衰退淳滯。

那麼韓國現在又是什麼樣的狀況呢？與日本非常類似，大多數人將自己的退休資金投入儲蓄和房地產，陷入保障本金的泥淖之中。雖然退休是還很遙遠的未來，但人們還是害怕自己的本金會虧損。這樣的結果，導致人們努力工作得來的資本陷入沉睡的狀況，原封不動地重蹈日本三十年來所犯下的錯誤。不，也許會比日本更加嚴重，因為國人做為長期投資的退休金中股票所佔的比重，比金融文盲比例世界之最的日本還要低，老年貧困層的人口想當然爾也不斷增加。

為了二、三十年後即將面臨的退休問題，我們每天都在想方設法多攢一點錢，在用多餘資金投資的情況之下，保障本金有什麼意義呢？ 真正重要的，難道不是在你退休時財產的價值會比現在增加多少嗎？真正了解如何讓錢替自己工作的人，不會執著於短期本金的損失。

從長期的觀點來看，銀行儲蓄才是最危險的財產。只是把錢存在帳戶裡，錢是不會為你的退休準備做任何事情的。隨著時間過去，錢的價值雖然會下降，投資的價值卻會上升，這就是資本主義的基本原理。在資本主義之中，長期投資的獲利，是不可能低於銀行存款利率的。

儘管如此，大多數退休資金還是被投入到保障本金性質的資產，令人感到相當惋惜。日本的案例就血淋淋擺在我們眼前，即使利率是負的，國民還是將大量資金投入銀行儲蓄，或是投資到不動產。這不僅會帶給個人不幸，也會讓整個國家的經濟蒙上嚴重陰影。國人退休資金中股票佔比如此低的原因，就是因為被「保障本金」給綁住了。

「我們該做的不是存錢，是投資。」

擺脫保障本金的偏見

許多人在投資金融商品時，非常重視是否能夠保障本金；只要能讓本金有所保障，人們就會覺得放心。

但在這個情況下，很多人忽略了一個東西——那就是「時間」。

如果是一個月之後就要用到的錢，能否保障本金當然顯得重要；但如果是五年、十年、二十年之後才要用的錢，情況就大大不同。如果將本金保障拉到二十年那麼長，可是會讓人覺得很冤枉的。因為在這段期間裡，你必須拋棄其他機會成本。假設通膨率是3％的話，二十年後本金的價值不會高於現在本金價值的55％。

令人相當惋惜的是，有許多人被困在保障本金的框架裡，將大部分退休資金投入到五十五歲以後才能領取的保障本金型儲蓄商品。但如果是以十年以上的長期投資為目的，就必須擺脫「保障本金最好」的偏見。要長期投資，就要讓以錢賺錢的方式達到最大效益；如果沒有太大變數，投資股票就是用錢滾錢的最佳方法。

06 從日本失落的三十年記取投資不動產的教訓

許多人認為準備退休的最好方法就是投資不動產。在媒體上，累積大量財富的知名藝人，購買房子或高級住宅等不動產的消息也時有所聞。看到這些新聞的人們，總是會對他們投以羨慕的眼光。與對投資股票感到排斥相比，大家對不動產總是特別執著。許多人堅信不動產是實際資產，相對安全，而且以後肯定會增值；萬一聽到身邊有誰買的房子房價漲了，更會堅定他們的信念。

不動產的獲利真有我們想像的高嗎？在韓國不動產中，漲幅最大的公寓大廈，尤其是首爾公寓大廈的價格，在這段期間漲了多少呢？根據ＫＢ國民銀行的統計，從一九九九年一月至二〇一九年十一月為止，全國公寓大廈的價格二十年來平均上漲了168％；首爾公寓大廈的漲幅更高，達到了252％。

20 年間（1999 年 1 月～ 2019 年 11 月）公寓大廈房價和股價漲幅比較

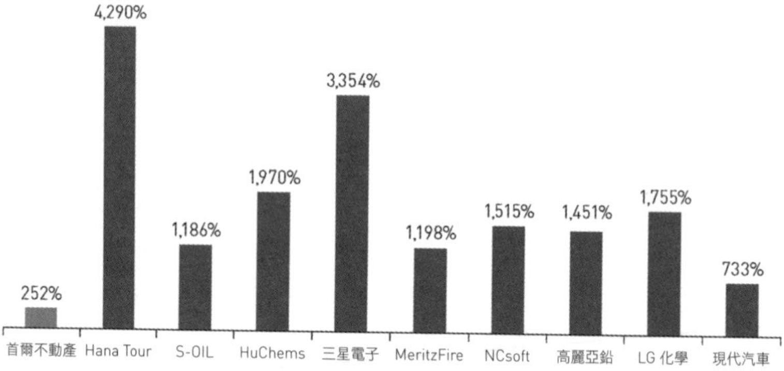

* 各股票不考慮配息等，只比較股價漲幅。
* 20 年內上市股票皆以上市日後收益率為準。

出處：KRX，國土交通部

韓國國內投資資產類別累積收益比較

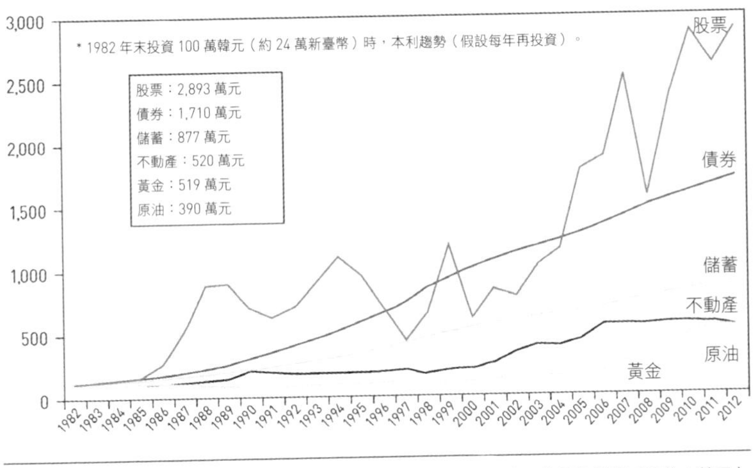

出處：韓國交易所（單位：韓元）

那以同樣期間來看，股價漲了多少呢？KOSPI（韓國綜合股價）指數從四百九十八點上升到兩千一百六十二點，上漲了568．5％。做為韓國股票代表的三星電子，在同樣期間更是上漲了3千354％。當首爾不動產價格漲至三倍時，三星電子的股價已經飛漲到三十四倍；傳統產業股 LG 化學、高麗亞鉛、HuChems 的股價，也各自漲了十八倍、十五倍、二十倍。二〇〇三年上市的 NCsoft 遊戲公司[7]也上漲了十六倍，二〇一一年上市的哈拿多樂（HANATOUR）[8]更是上漲了四十三倍。

長期來看，投資股票的漲幅遠高於投資不動產。根據所投資企業的性質，股票甚至可以讓你賺到本金數十倍的金額。理由很簡單，因為比起不動產，股票能讓資金有更好的運轉。雖然不動產的漲幅，大致與通貨膨脹的幅度相同；但長期來看，企業的獲利肯定會比通貨膨脹高上許多。

如此看來，投資股票的獲利明明高於投資不動產的獲利，但一般人為什麼會選擇投資相反的項目呢？又為什麼大家普遍對不動產抱持好感，卻對股票抱持否定態度呢？除了傳統觀念等因素，長期投資和短期投資的差異也是重要的原因之一。不動產當然屬於長期投資，在短時間內頻繁進出股市來買賣股票的既定印象，則在人們心中根深蒂固。但如果將股票也視為如不動產一般，需要長期持有與長期投資的對象，你就會發現：如果想要財富自由，投資股票會是更好的選項。

我並非不動產專家，所以無意預測房價；但我想說的是：在國人的資產配置中，不動產所佔的比例過高，這是一個很嚴重的問題。這點和日本的情況一樣，會阻礙個人的財富自由，甚至成為國家經濟發展的絆腳石。我們必須記取日本不動產泡沫化及失落三十年的痛苦教訓。

日本的不動產價格自一九八三年瘋狂暴漲了八年，卻在一九九一年開始暴跌，導致房市泡沫化。即使現在日本已從當時的衝擊中恢復，房價也回不到泡沫破滅前最高價的百分之四十。

7. 韓國網路遊戲公司。代表性產品包括《天堂》、《天堂II》、《永恆紀元》等。
8. 韓國知名旅行社。

日本不動產價格趨勢

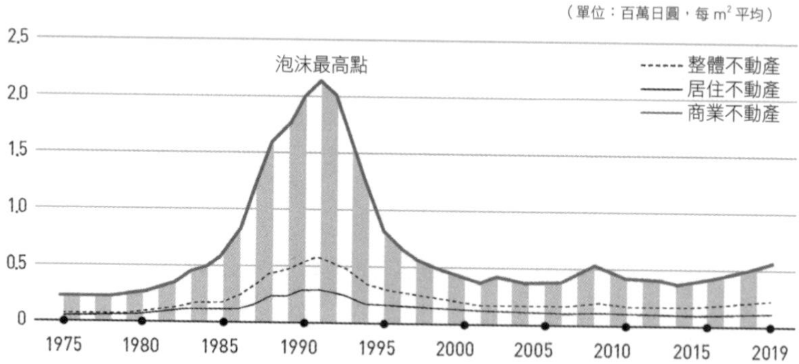

出處：日本交通省

在這之後，日本家庭減少了不動產佔整體資產的比重，他們透過親身經驗，領悟到了投資不動產的風險。原本在一九八〇年代佔了資產百分之六十的不動產，在二〇一三年後下降到百分之三十以下。不過在那之後，日本人做出的選擇仍舊不理想——他們在減少不動產比重的同時，卻將現金與儲蓄等現金資產的比重提高到百分之六十左右。這就是金融文盲執著於保障本金所造成的現象，這種傾向導致了平凡的人們在老年破產的致命結果。

各國男女耗盡退休資金耗盡後預估餘命

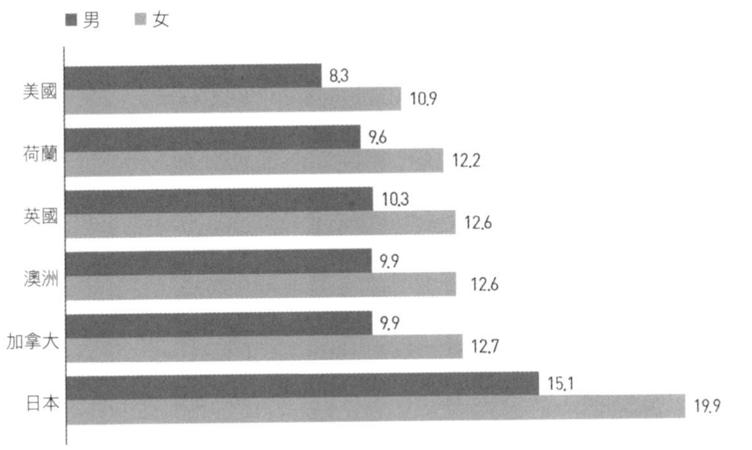

出處：世界經濟論壇，彭博社再引用，二〇一九。

根據二〇一九年六月，世界經濟論壇WEF比較各國退休資金與平均壽命所發表的資料，在用盡退休資金之後，美國男性多活了八・三年，而日本女性卻多活了十九・九年。試想要在沒錢的情況下度過漫長的二十年，豈不是相當可怕嗎？為什麼美國和日本會出現這樣的差異呢？WEF的分析顯示，這正是因為日本勞工將退休資金都投入到銀行儲蓄等資產上。

各國家庭資產結構比例

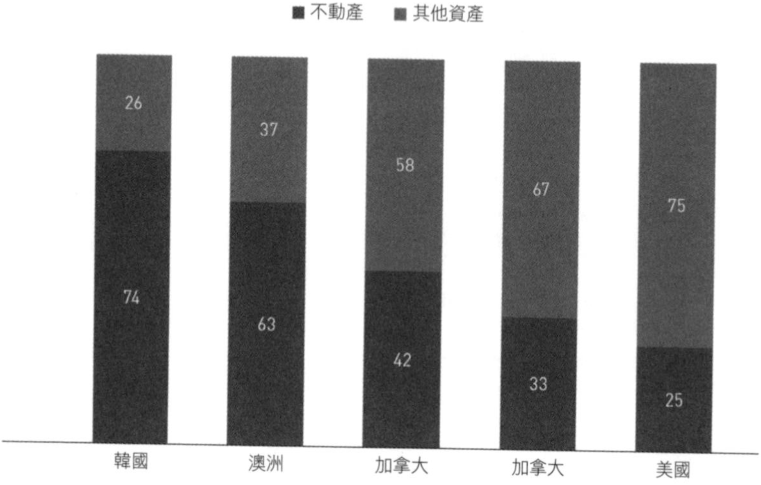

出處：麥肯錫

而韓國人的資產，也有高達百分之七十至八十的比重綁在不動產上，甚至比日本家庭資產中不動產比重最高的時期還高。

有鑒於日本的前車之鑑，必須要警醒：萬一房市行情破滅，人們將會面臨嚴重的威脅與巨大的痛苦。我們應該以此為借鏡，讓嚴重過高的不動產比重儘早恢復正常水平，維持均衡才是。在減少不動產比重的同時，也不要把資金投入保本型儲蓄這種無法讓金錢運轉的商品，而是應該要投資股票，只有如此才不會步上日本的後塵。

除了收益率以外，投資股票還有不同於投資不動產的優點，其中之一就是：就算只用少許資金也能投資。投資不動產需要大筆資金，無法天天投資，也不可能光靠省下咖啡錢來投資；但投資股票門檻低，只要每天省下一點支出當作資金，即使小資也能一點一滴投資。而且萬一急需用錢想兌現時，股票也相對有利，要兌換現金比不動產方便多了。

想要有效為退休做準備，就要拋開對不動產的執著。資產中不動產的比重愈高，你的退休生活就會愈危險。取而代之，應該努力提高能讓錢快速運轉的最佳方法——股票的比重；不過，股票的比重也需要根據年齡進行調整。

07 對股票的偏見

大部分的人對投資股票有著非常嚴重的偏見，認為把錢存在銀行裡最安全，投資股票很危險。所以如果有人投資股票，就會被認為是「想要一夜致富的人」或「最後玩股票到傾家蕩產的人」。彷彿毒品跟賭博一樣，許多人抱持著絕對不能碰股票的想法，他們一方面羡慕買房子的人，對不動產抱持好感；一方面卻對投資股票的人投以異樣的眼光，抱持巨大的排斥感。

最近我收到了全國經濟人聯合會經濟研究院的邀請，以退休準備為主題發表演講，並強調了長期投資股票的必要性。演講結束後，經濟研究院說了一句很有意思的話。

「其他講師們都說不要投資股票，您卻說應該要投資股票呢。」

就連對經濟甚是了解講師都反對投資股票，這令人吃驚的現實，展現了韓國金融文盲的一面。

還有一次，我應某大學股票社團之邀請去演講。令人驚訝的是，明明是股票社團，但社員中有在實際投資股票的學生並不多。得知這個事實後，我目瞪口呆地問他們：

「如果不投資股票，為什麼要加入股票社團呢？」

「因為對以後找工作可能會有幫助！」

像這樣對股票抱持極度錯誤認知的情形，隨處可見。即使是培育許多學識淵博、聰明才智學生的大學，也不把資金拿去投資股票，而是放在銀行儲蓄裡；但因為長期低利率的情況，幾乎沒有利息收益。看到許多證券廣播公司的節目製作人和主播大部分都沒有投資股票，我實在感到相當詫異。

在公職候選人聽證會上，持有大量股份會成為落選的理由；在政治人物間的選舉辯論會中，一位候選人會將另一位候選人所持有的股份視為問題發動攻勢；就連電視連續劇中，也常會出現「因為股票都賠光了」之類的臺詞。我也曾看到參加電視脫口秀的知名人士，自信滿滿地談到自己人生中做過最好的事情之一，就是沒有投資股票，這也讓我感到萬分驚訝。

在這樣的狀況下，就連負責協助個人規劃退休的銀行，或在保險公司負責處理退休年金的職員本身，也都沒有做好退休的準備。六年前我剛上任時，連邁睿思資產管理的員工也是如此。就連在金融公司工作的人也對金融抱持錯誤認知，這實在令人詫異。

所有投資都是被期待有擴張性的。會投資一家企業，就是因為相信那家企業的營業額、利潤和資產等會有所增加。與二十年前相比，大部分企業的營業額都增加了十倍，甚至是一百倍。當然，隨著營業額增加，企業的資產也大幅增加，這就是為什麼要長期投資股票的原因。

然而與股票相比，不動產就顯得沒有擴張性了。你如果買下了五十坪的公寓，過了二十年也絕對不會變成一百坪；只是隨著通貨膨脹的影響，預期月租會持續上漲，因此不動產的價格也會隨之上漲。從長期來看，不動產的收益率並不像股票擁有這些可以上升的理由。

儘管合理投資股票是走向富裕人生的唯一途徑，但大多數人卻習慣忽略這個事實。也因如此，人們總以沒有效率的方式消磨辛苦工作賺來的錢，失去投資的資金來源；或是為了追求在短時間內賺大錢，做了錯誤的投資決定，結果反而蒙受巨大的損失。

世界上的大富豪們都是什麼樣的人呢？他們之所以成為鉅富，就是因為他們持有的股票價值上漲。韓國引以為傲的頂尖企業幾乎都是上市企業，也能在股市中交易這些企業的股票；所以那些認為「不能投資股票」的說法，到底是從哪裡來的呢？

同樣處在資本主義社會的美國企業，為了縮小資本家與勞工之間的貧富差距，便分發股票給員工，這是為了提供員工提供勞動與資本均衡的機會。原本只是提供勞動力、扮演勞工角色的員工們，在持有股份的同時也能夠成為公司主人，也就是資本家的角色；而在他們以勞工身份領薪水的同時，身為資本家的公司也能共享利潤。透過這樣的方式，人們不僅能從勞工的角度，也能從企業家的立場來看待企業。企業為了讓利潤達到最大化，會讓員工日以繼夜不斷工作。如果想要分享那些利潤，就應該趁早買進股票，儘可能長期持有股票才是。

韓國股票市場目前仍是全世界最被低估的市場之一，從下方表格就可以了解，市場用於評估企業收益的本益比（PER），韓國市場的情況是十二倍，比全世界平均十六倍還低。用於評估資產價值的股價淨值比（PBR）也僅有〇．八倍的水準，這數值甚至還不到全世界平均二．二倍的一半。

韓國也應該像美國一樣，透過退休年金不斷向股票市場注入資金，為企業的成長打下基礎，也為所有投資者打造致富的根基。

真正危險的並不是投資股票，反而是不投資股票啊。

全世界與韓國、美國的 PBR 比較

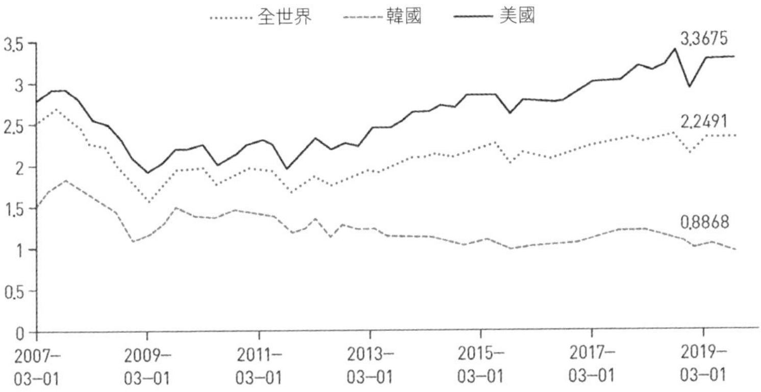

全世界與韓國、美國的 PER 比較

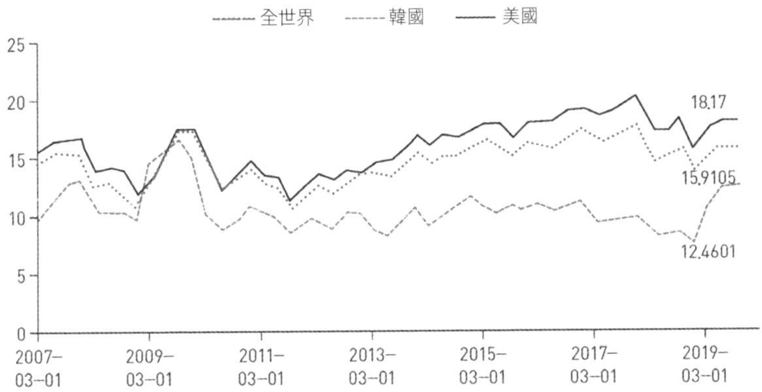

價值陷阱

韓國股市的股價，持續幾年來沒有太大的變化，漲幅不大，也不怎麼下跌。即使以PER或PBR等指標與其他國家相比，股價也相當便宜，所以如果向外國投資者提到這一點，他們就會認為韓國股市是掉入了「價值陷阱」（value trap）。價值陷阱是「價值掉入陷阱」的意思，也包含了股票不會上漲的負面意思。

韓國股票之所以被低估，是因為對經營管理階層的能力不信任、支配結構不透明等問題；但隨著韓國企業與證券市場全球化，這些問題已經獲得許多解決，以後也會愈來愈好。

另外，雖然表面看不出來，但在目前韓國股市被低估的原因之中，最重要的其實是國人對股票市場的負面認知。大眾之間充斥著將股票視為是一種賭博的文化，對於拿國民年金和企業退休金投資股票也猶豫不決。在個人擁有的退休資產中，我們股票所佔比重是全世界最低，美國或澳洲約為百分之五十，就連日本也佔了百分之十，然而韓國卻僅佔百分之二。

雖然以上都是讓韓國市場被低估的原因，但我認為從長期來看，還是會獲得解決。現在以投資者立場來看貌似是價值陷阱的狀況，反而會是一個很好的機會。

將價值從陷阱中釋放出的情況，被稱為「釋放價值」（unlock the value），韓國股市最終會到達這樣的狀態。從長期觀點來看，這就是目前價值陷阱狀況可以判斷為投資機會的理由。

第二章

別為了錢工作，要讓錢為你工作

01 為了退休後的五十年做準備

我們必須為了未來做出正確的決定，為此要記取日本失敗的教訓，嚴肅看待人們重蹈日本老年貧困覆轍的事實，而且必須瞭解到這和自己切身相關。

《亞洲經濟日報》發表了與此相關最新統計數據，相當有啟示性。在退休前，有百分之八十三的人回答自己的經濟水準相當於中產階級；但在退休後，回答相同答案的人卻減少至百分之五十六。另外，在退休前回答自己屬於貧困層的人只有百分之十三，退休後卻大幅增加到百分之四十四。

如同前述，在退休前認為自己是中產階級的人，在退休之後太晚才意識到自己其實屬於貧困階層。這就是為什麼我們必須在後悔之前，又或是退休前，就應該趁早開始為財富自由做準備。儘早準備退休生活、達成財富自由，必須

對於自己經濟水準認定的比例變化

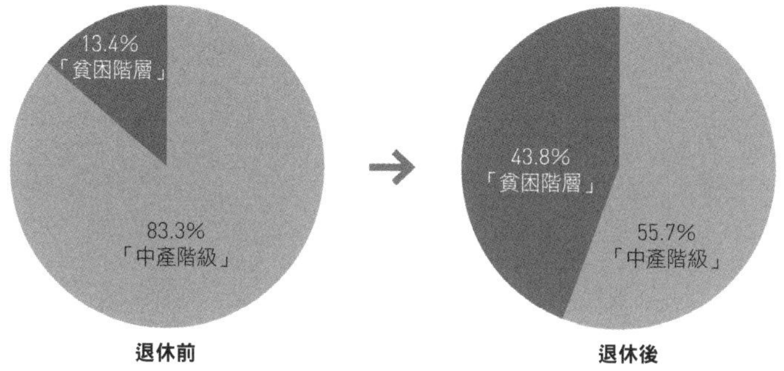

出處：《亞洲經濟日報》

比其他事項更加優先。我們要大膽改變自己的生活方式，因為沒有妥善做好退休準備不僅會造成個人的不幸，也會成為整體社會的問題，進而對國家競爭力產生嚴重影響。

請恕我一再老調重彈：為了財富自由，首先必須擺脫嚴重的金融文盲。也就是說必須擺脫諸如：把工作辛苦賺來的錢全都花在孩子的補習費，或是打腫臉充胖子、讓自己看起來像有錢人的消費上，無法儲備退休資金……等矛盾的情況才行。

為此，父母親們也必須有所改變。缺乏金融知識的父母，不僅會讓自己在老年陷入貧窮，就連子女也會跟著貧窮。如果父母們開始有所改變，明智地了解消費與投資，就能讓全家達到財富自由。最重要的是實踐，把會破壞孩子創造力的補習費轉換為投資費用，就能提高全家實踐財富自由的可能性，過上綽綽有餘的生活。只要了解複利的魔法，就會領悟到過度投入的教育費用是多錯誤的選擇。

我們生活在所謂的「百歲世代」[1]，這是人類歷史上從未存在過的時代，應該要為退休後的五十年做好規劃才行。最重要的，就是準備退休生活的經濟來源。與過去相比，現在人平均增加了二十年以上的壽命，撫養父母的子女數也從過去的五、六名減少到現在的一、二名。

然而，我們已經不能像過去一樣抱持著「養兒防老」的想法。在機器取代多數勞動力的未來裡，許多職業都會消失；可想而知根據個人能力差異，貧富差距也會拉大。在這樣的情況下，子女能為父母退休生活提供的經濟支援非常有限，這世界變化得太快了。

雖然國內許多領域都有了巨大變化，但有一個領域絕對不會改變——那就是教育體系。我們至今仍然固守著一兩百年前的教育體系。透過科舉考試合格進入官職，雖然已經是好幾百年前的事情；但是很多人仍然堅信，努力唸書考上好大學，在畢業後成為公務員或進大企業工作，才是所謂的成功。因為這種錯誤信仰，讓每個家庭都犯下了把資本揮霍在子女教育費上的嚴重錯誤。本來應該投資於父母退休準備、子女經濟獨立的資金，等於全都丟到了垃圾桶，然而這種現象卻被視為理所當然。在這種情況下，不只是父母，就連子女也會讓貧窮代代相傳下去。

一九八〇年代美國導入 401(K) 退休金制度，由雇主每個月提撥一定金額退休金，讓員工自行獨立運用。401(K) 劃時代地促進勞動者長期投資股票，造就了大量的中產階級，也減輕了國家對國民退休支援的財政負擔。

1. 指隨著平均壽命延長，大多數人都有機會活到一百歲。

OECD 主要國家退休年金資產中股票所佔比重

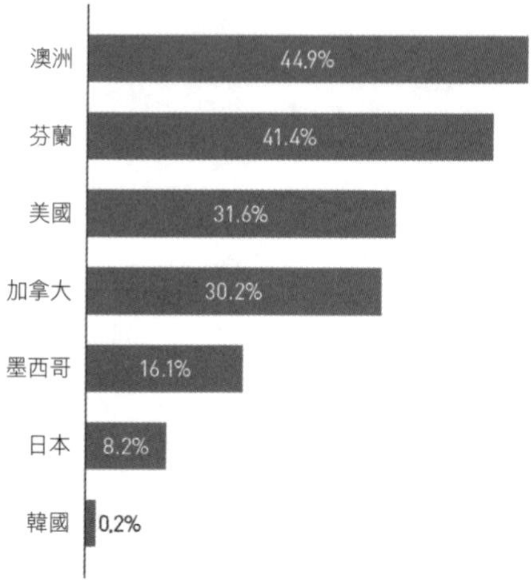

出處：OECD 年金金融室，2018。

韓國也將退休津貼[2]制度改革為企業年金制度，為勞動者的退休準備打頭陣，但在營運上卻與美國的401(K)完全不同。得益於401(K)制度，有許多優質資金投入美國股市中，催生許多新企業。401(K)是長期退休資金，因此大量投資於股票；但韓國的退休年金與其相反，投資在股票的比重極低，大部分還是放在銀行儲蓄與債券中。[3]

退休金制度主要區分為確定提撥制（Defined Contribution，DC制）與確定給付制（Defined Benefit，DB制）兩種。確定提撥制，是指雇主必須提撥一定金額的退休金，並在員工退休後將退休金支付給員工，讓員工可以自行投資運用；確定給付制，則是雇主事前跟員工約定好退休時支付的退休金金額，在這之前由公司來投資股票與債券，準備員工的退休金，與過去退休津貼度相似。4

韓國導入退休金制度已經有很長一段的時間，但是該制度卻還未被妥善運用。由於缺乏金融教育，大多數勞動者對退休金的理解程度仍舊嚴重低落，連自己的退休金是屬於哪種類型都不知道。韓國大部分的企業也多採確定給付制，因為企業與勞動者恐懼變動，而選擇將退休金投入保守型的債券或銀行

---

2. 在韓國如果離開一個職場，就可以將這筆錢領出來，與臺灣的退休金有點不一樣。

3. 關於臺灣勞退與勞保資金之資產配置，可至中華民國退休金協會網站瀏覽（www.pension.org.tw）。

4. 諸如臺灣、美國、日本等國家的退休金制度，即是採「確定提撥制」。

資本家與勞動者賺錢的構造

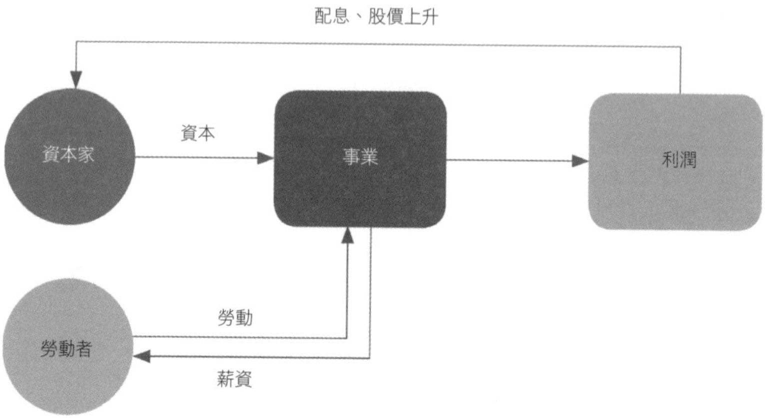

儲蓄，這點令人感到相當惋惜。

遺憾的是，韓國退休年金的資產配置之中，股票所佔的比重在OECD會員國中是最低的。如果年薪增長的速度遠不及投資創造財富的速度，就必須要讓退休金制度轉變成以長期投資股票為中心的確定提撥制，才能提高股票在年金資產中所佔的比重。這不僅是為了勞動者的退休準備，也是提高企業與國家競爭力的必經之道，同時能減少下一代與國家負擔，值得提倡。

老年貧困的現實，是我們社會最嚴重的問題之一，也是近在眼前、每個人都得面臨的事實。只有當消費、儲蓄、投資哲學及習慣徹底改變時，才能為退休做好完善準備。我們必須要走向財富自由之路，而非老年貧困之路。令人感到充滿希望的是：這是所有人都做得到的事情。

我們的財富最主要來自「勞動」與「投資」兩個領域。「勞動」關乎日常生活，是屬於現在導向；相反地，「投資」是以將來成為富人為目標，具備強烈的長期性及未來導向。想要致富，就必須透過「勞動」賺取資金來源，再將一部分資金拿來「投資」，才能夠形成未來的財富。如果把透過「勞動」賺來的錢都用掉，沒有分配給「投資」的部分，絕對無法讓你在未來致富。

資本家以資本購買勞力，透過提供貨品或服務的企業獲得利潤，並以股東身分透過配息與股價上升賺錢。與其相反，勞動者只提供自己的時間與勞力，以此為代價獲得的也只有薪資。

值得慶幸的是，資本家與勞動者並不是只能二選一的選項。資本家透過工作獲得薪資的同時，既是資本家也是勞動者；勞動者透過工作獲得薪資再拿去投資的同時，也成為了資本家。很多人以為資本家只會是資本家、勞動者一輩子只會是勞動者，勞資之間的矛盾之所以難以解決，就是基於這種偏見，認為勞動與資本在結構上並非合作關係，而是對立關係。但唯有勞動與資本協力時，雙方才能夠相得益彰。勞動者與資本家是一致的，**當勞動者同時身兼資本家時，我們才能最有效地實現財富自由。**

國外有許多企業會將公司股票分給員工，或是讓員工有機會以低價買入部分股票。員工以勞力與時間為代價換取薪資，但與此同時，他們也會意識到自己也是那間公司的主人。正是這種主人意識成為公司的革新動力，讓勞動者可以站在資本家的角度看待公司。

我們應該要讓孩子從小在學校裡，就接受關於資本與勞動共同運作的教育。只有當孩子意識到能透過投資成為資本家，才能擁有對勞動與資本的均衡看法。

大多數人認為只有進入好公司工作，才有可能實現財富自由，並且也這樣教導他們的孩子，但這是相當大的錯覺。在資本主義社會中如果要實踐財富自由，不如教導孩子成為一個資本家。成為資本家最快也最確實的方法就是創業，不過我希望讓大家知道，透過投資股票也能做到這一點。

成為資本家這點，就實際上的財富分配而言也意義重大。從近期韓國銀行發表的勞動所得份額來看，韓國的平均值為60％。所謂的勞動所得份額，一般是指勞動者所獲報酬佔GDP的比重。從企業的角度來說，就是指營業盈餘加上受僱員工報酬的總附加價值中，受僱員工報酬所占的比重。勞動所得份額達到百分之六十，就表示企業所賺得的利潤中，有百分之六十歸勞動者所有，其餘部分則是歸資本家（股東）所有[5]。韓國的全國勞工總數已達到兩千萬人，投資股票的人口卻只有五百六十萬人，實際將多數資產投入股票中的人也相當少。也就是說，企業有百分之四十的利潤是由少數資本家拿走。不僅如此，考慮到屬於資本家的經營管理階層，其年薪通常比起基層勞動者更多，就

5. 臺灣勞動報酬份額在一九九〇年初期達到49％的最高點後，便逐年下降到二〇一四年只剩42％。（資料來源：請參考本書第221頁。）

可以得知勞動者能分配到的所得會更少。不成為資本家，就無法實踐財富自由，這就是必須持有股票的最根本原因。

大多數人過著只重視勞動的生活，卻沒有意識到「投資」對創造未來財富的重要性，結果導致了貧困的老年生活。切記，不要為了錢工作，而是要讓錢為了我們工作。許多人即使上了年紀也只能工作到死，就是因為忽視了「要讓錢為我工作」這件事，這也是導致老年貧困、高自殺率的原因。

有認為努力工作就能致富的人，也有很多抱持完全相反立場的人。那些人無法區分「投資」與「投機」的差異。投機者覬覦短期暴漲能帶來一夜致富，只要抱持類似的想法，在投資時就會執著於短期交易。所謂的「理財」，雖然也包含追求短期利益的意義，但財富自由並非一蹴可幾，而是要一步一腳印慢慢實踐的事情。雖然一開始可能不太明顯，但這就像是種樹一樣，種下去的樹隨著歲月流逝終將成就一片樹林。

在這變化無常的世界上，並不存在能夠控制無數變數，且具備預測短期結果神力的人；世界上也沒有什麼一夜致富的技術，或是賺錢的技巧。投機性或是短期性的理財，大多無法帶來好的結果；當然如果你運氣好，或許可以短暫獲利，但這種好事不可能天天發生。賭博與投資的差異就在這裡，將致富之事交付給運氣是相當愚蠢的。

形成財富最好的方法，就是明白錢滾錢的道理，讓錢自己去運作。再次強調：人透過勞動能賺到的錢是有限的，因為勞動力工作的時間是有限的。

勞動與資本的靈活度

為什麼國人勤勉工作，國家還是會發生金融危機呢？雖然原因諸多，但其中之一就要肇因於勞動與資本缺乏靈活度。當一個國家的經濟成長，就會出現附加價值高的新興產業。農業在過去是附加價值最高的產業，而隨著工業化的發展，附加價值開始轉向製造業，接著又轉移到服務業，產業結構會漸漸轉變至附加價值高的方向。資本和勞動力向高附價值產業轉移的過程中，缺乏競爭力而面臨淘汰的產業會減少資本和人力的投資，接著公司就會面臨倒閉或是造成勞動者失業。

回顧亞洲金融風暴時期，在世界變化的過程中，資本與勞動停留在過去階段，終身雇用被視為理所當然的文化，資本也還未能擺脱附加價值低的傳統產業投資。當時，韓國在舉債經營事業的情況下，選擇投資低附加價值產業，造成投資效率愈來愈差，勞動力也必須從附加價值低的地方轉向附加價值高的地方。如果停留在同一個地方，就很容易被淘汰。

因此，讓資本可以轉往更高附加價值之處的系統非常重要。以日本為例，由於其文化背景，讓勞動與資本很難轉移到新興的高附加價值產業，造成經濟停滯不前，只能面臨持續下降的趨勢。因此勞動與資本的靈活度相當重要。過去依賴大量勞動力創造出附加價值的企業，隨著時代變化而難以持續經營，對個人來説會是巨大的痛苦，解雇的過程也不可避免。因此，為了應對這樣的情況，應該建立社會協議，以及對被解僱者的再雇用系統。在美國，也有人像平時一樣去上班，但卻被禁止進入公司，被通報解僱的情形。

得益於勞動市場的靈活性，美國的單位勞動強度和生產力都相當高，且人員競爭力也很強。韓國也應該逐漸提高資本和勞動靈活度，因此，改變個人的生活方式是非常重要的。不要當個只依賴薪水的勞動者，而是要透過投資收入的一部分，讓資本有效運作。

但錢不用睡覺，也不會感到疲憊，可以日以繼夜不斷工作。如果持有某家公司的股票，就代表那家公司的員工在我休息或睡覺的期間，也在為我的退休生活努力工作。員工們辛辛苦苦生產的產品賺到了錢，讓公司產品可以銷售到全世界的賣場，該企業獲得的部分利潤則以股息支付給我；如果該企業有所成長，我所持有的股票價值也會跟著上漲。

財富就是這樣形成的。透過這樣讓金錢自行運作而增加的系統，只要選擇優秀的企業投資，將等待當作養分撒播下去即可。這樣的企業如同囊中之錐，只要隨著時間流逝，一定會展現出其價值。透過時間的力量持續長期投資，你就可以充分享受利上加利的複利效果，也就是說累積十年、二十年間的收益，價值就會大幅增加。

最近我在新聞中看到一項統計結果：百分之十的國民壟斷了企業百分之九十的配息，剩下百分之九十的國民手上則沒有任何股份。這就表示，那百分之十持有股票的人能繼續過著富裕的生活，而另外百分之九十的國民，可能一輩子都無法擺脫為錢所困的生活。

2016 年韓國金融所得持有現況

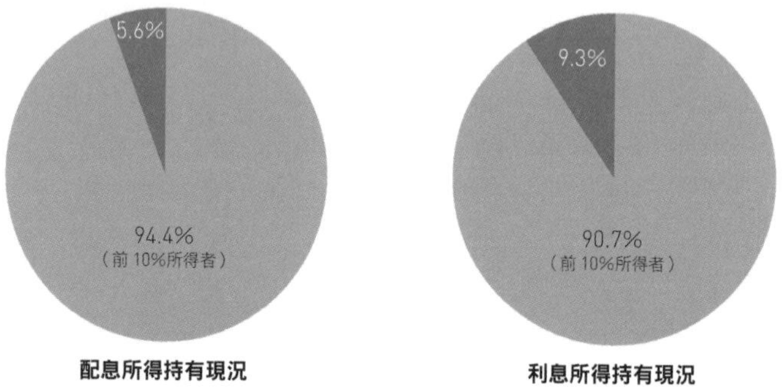

出處：《京鄉新聞》，2016

成為資本家的人，也就是明白資本運作原理並付諸實踐的人，才能變得更加富有；相反地，把金錢花在不必要的補習或表面奢華的消費上，讓資本揮霍殆盡的人，則會變得愈來愈貧窮。一邊的人們將自己的雪球愈滾愈大，另一邊的人卻因為雪地路滑而狠狠摔跤。

即使是在同一家公司上班，領著同樣薪水生活的社會人士，根據各自的選擇與實踐方法不同，未來也可能大大不同。將一部分的薪水持續長期投資優秀企業股票的人，一面建構出讓資本運作的系統，一面讓資產不斷增加；錯誤消費或錯誤投資的人，則可能得面臨貧困的老年生活。一年過去或許沒有太大的差別，但如果過了五年，兩人的差異就相當明顯；如果過了十年的話，兩人差距就拉得更開；而隨著更長的二十年、三十年過去，兩人之間就會產生不可逆轉的財富差距。

如同前述，美國透過 **401(K)** 等制度引導上班族持有股份，並以此為退休生活做好準備，美國的上班族既是勞動者，也身兼資本家。韓國也有像美國 **401(K)** 的退休金制度，但營運方式卻完全不同，這是因為企業家們認知上的差異。**401(K)** 是為了退休後將月薪的十分之一投資到基金，政府會將投資金額的稅金保留到五十九．五歲；此外，企業也會幫助員工為退休做準備，補助投資金額的一部分。雖然員工在五十九．五歲之前無法領取投資的錢，但在那之前如果有急需用錢的情況，則可以投資金為擔保來貸款。

這種制度具有多重意義。從個人角度來看，可以透過優惠稅制和雇主的幫助來為退休做準備；從國家層面來看，勞動者將一部分薪水投入股市，也可以幫助許多革新企業的誕生，實現了多人共享成果的良性循環。美國退休年金中，股票比重約佔平均的百分之五十左右，得益於401(K)制度，許多上班族都加入了百萬富翁的行列，這就是國家強制國民為退休做準備所帶來的成果。

但在韓國退休金中，股票所佔的比重卻只有百分之二，是全世界最低。大部分的韓國退休金都停留在確定給付制，即使是確定提撥制，也大多拿來投資保本的保守型商品，許多上班族甚至根本不關心自己的退休金是如何運作。

韓國退休金大部分投入保本型的保守商品，這是一個非常嚴重的問題。這種現象源於過度害怕損失本金的錯誤金融知識。比起長期收益率，大家更喜歡保本型商品，不願意自己未來要用來退休的唯一老本，在短期內蒙受損失。雖然邏輯上看似說得通，但這卻是相當錯誤的判斷。

金錢的價值會隨著時間下降，執著於保障本金是沒有任何意義的，特別是離退休還有很久的人，更應該要提高股票的比重。在二、三十年後，比起擔心是否能夠保障本金，更應該著重在期待資產可以成長多少。換句話說，保障本金就等同於不讓錢滾錢一樣。

如果將退休資金投入股票或是股票型基金，二、三十年後大幅增長的可能性也相當大。在資本主義運作之下，這是理所當然的事情；但如果你害怕損失本金，而將資金放在銀行儲蓄裡，二、三十年後金額絕對不會有變動（不計微薄利息），錢本身的價值還會顯著減少，這是不明智的決定。擺脫這種保障本金的束縛，是擺脫金融文盲的首要課題。

只靠薪水不可能成為富人，只有當勞動者也成為資本家，讓資本運作之際，才能成為享有財富自由的富人。我們要盡快擺脫保障本金的偏見，因為隨著時間流逝，窮人跟富人的差距只會愈來愈大。

除了退休金外，美國上市法人大部分會為了幫助員工做好退休準備，賦予員工可以用比市價更低的價格，購買公司百分之十五或二十股份的權利，但必須承擔長期持有的義務，員工們當然會省錢來買股票。美國某大企業的某高層主管曾暗示我，「我們全世界的很多員工都理解公司這種制度，而且心甘情願購買公司股票，唯獨韓國的員工沒有響應，真的很神奇。」對股票的偏見，以及金融教育的嚴重不足，正是讓我們無法擺脫貧困的原因。

總而言之，為了退休後五十年的財富自由，你必須要儘早開始投資，並理解金錢運作的結構。將錯誤的消費轉為投資的同時，必須擺脫保障本金的錯誤認知。請務必將部分資產投資股票，並一一檢查你持有的退休資金現狀，增加投資股票的比重。因為退休資金是為了退休準備，最需要努力運作的資產。

金融文盲

「文盲雖然會讓生活不便，金融文盲卻會讓人無法生存，比文盲更加可怕。」

——艾倫．葛林斯潘（Alan Greenspan）（歷任美國聯邦準備理事會主席）

金融文盲（financial illiteracy）指的是金融理解低落的人「金融理解力」包括日常金融生活所需的金融知識、對此的理解，以及以此為基礎付諸實踐的意識程度。根據韓國銀行和金融監督院所調查的二〇一八年全國民對金融理解調查報告顯示，滿十八至七十九歲的韓國成人的金融理解力（金融知識、金融行為、金融態度）全都低於OECD平均水準。

一九九〇年代的美國，雖然維持高度經濟成長，但個人破產與負債也急遽增加，造成社會問題日益嚴重。對此，有分析指出是因為人們不懂資金管理方式，才會出現這種問題。曾任FRB主席的艾倫．葛林斯潘則以「金融文盲」一詞來表現這樣的情況，他還提到了二〇〇八年次貸危機，其主要原因也是因為「社會上金融文盲過多」。

金融文盲如同傳染病，錯誤的金融知識向社會擴散，使許多人的金融知識變得籠統，也使貧窮與經濟匱乏之問題無法解決。即使國家高度成長，但在經濟和社會層面上，各種問題卻不斷變得更嚴重。從根本上來説，就是因為對金錢不了解的「金融文盲」所導致。

不能再這樣放任金融文盲不管，如果要擺脱金融文盲，就需要長期的教育與制度做為後盾。同時，現有的退休金制度也是幫助個人做好退休準備的工具，必須要善加利用。

編注：彭博引述標普（Standard & Poor's）最新調查報導，亞洲近四分之三成年人是金融文盲，對通膨、風險分散等基本貨幣觀念，沒有清楚概念。[6]

又，臺灣國內報導也指出，老化所帶來的金融危機是無法忽視的。依金融研訓院《二〇二〇金融生活調查》顯示，六十歲以上者是屬於財務脆弱族群，因為進入退休的階段，收入漸減，對於財務決策錯誤、金融剝削、詐騙衝擊是無法回復的。[7]

02 不要重蹈日本失敗的覆轍

一九九二年冬天，當時我還在紐約的資產管理公司斯庫德史蒂夫&克拉克（Scudder Stevens & Clark，以下簡稱斯史克）工作。有天公司裡的基金經理和股市分析師全都聚集在會議室，討論日本的未來。當時的日本在全世界掀起了經濟熱潮，其經營方式、文化等各方面都備受全球關注，甚至有很多人認為「美國企業文化落後於日本，應該要向日本多學習」。日本國家經濟在全世界表現最好的時候，日本股市的總市值比美國股市的總市值更大，世界百大企業

6. 資料來源：請參考本書第221頁。
7. 同前。

中日本企業就佔了五十個，在資產規模方面被評定為世界十大銀行的也全都是日本銀行。

在大多數人都說應該要向日本學習的時期，斯史克公司負責投資的成員卻做出了不同於一般想法的判斷，預測日本將會面臨很長一段時間史無前例的蕭條。與我關係特別好的基金經理威廉．霍爾澤（William Holtzer）對日本抱持相當懷疑的態度，他無法理解已經預測到人口走向高齡化，卻對此絲毫沒有準備的日本政府；除此之外，他也基於日本害怕變化的國民性、追求一致而少多樣性的文化、缺乏提問與創意的教育體系、不容許質疑的經營層思想、不接受移民的排他性社會，以及無法看清高金融文盲率與金融重要性的僵化政府官僚，預測以長期來看，日本經濟將會面臨困難危機。

霍爾澤做出了重大的決定，將自己營運的斯史克全球基金的日本投資比重減至百分之一，韓國投資比例拉到了百分之七。以當時兩國的總市值相比，這是一次非常冒險的決定。但事實證明，他的判斷是對的。他的基金獲得了相當鉅額的收益。日本股市持續下跌，韓國股市則在幾經波折後，獲得了很高的收益。遺憾的是霍爾澤在幾年前因病去世，但他至今仍在我的心中佔有一席之地。

距離一九九一年的冬天已過了將近三十年，回想起來，斯史克的基金經理和股市分析師對日本的預測驚人地準確。日本在這三十年期間高齡化速度加劇，人們的老後生活也變得更困難。雖然政府負債率已達到世界最高程度百分之兩百三十八，但經濟卻沒有復甦的跡象。如果日本在未來沒有做出巨大改變，那麼可以預期以後也不會好轉。

為什麼日本會無法預測且放任這些事情發生呢？雖然原因眾多，但我認為最大的主因就是金融文盲。在八〇年代，日本是僅次於美國的經濟體，但卻不擅長用錢滾錢的資本運作方式；美國在製造業方面雖然落後日本、中國和韓國，但卻以矽谷的革新和退休年金為主的華爾街資金為基礎，改頭換面蛻變為新經濟大國。高金融文盲比例的日本則呈現完全相反的面貌，日本人平均百分之八十的資產被綁在儲蓄與不動產上，即使存款利率幾乎接近負利率，人們還是將大部分的資產存入銀行。害怕冒險、固守排他的移民政策，且無法適應新

韓國退休金主要投資對象中存款・儲蓄及利率型保險商品比重

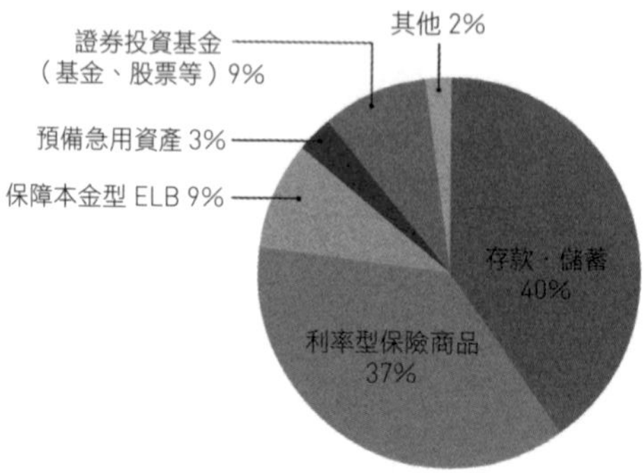

出處：金融監督院年金研究室，2018。

世界的日本，其經濟體制也只能繼續停滯不前。

看見這樣的日本，不管理由為何，都應該選擇與他們不同的道路才是；但令人感到遺憾的是，現在的我們卻正重蹈日本過往的覆轍。人們大部分的資產都集中在銀行存款與不動產，每個人的生活方式甚至比日本更糟糕，因為日本在補習費支出問題上不像韓國如此嚴重，韓國人卻誤以為只要認真讀書，就能過上富饒的人生，將鉅額資金浪費在補習費上。結果就是導致下一代失去有創意的想法，更別提實踐財富自由，形成惡性循環。

在金融文盲國第一名日本之後，排名第二的韓國，應該要為退休準備好好運作的大部分退休金，卻都放在了保障本金的商品上。真正令人感到惋惜的是，由於優良的長期資金未被投入到股市，而是放在銀行存款中，所以在國內很難誕生引領未來的革新企業。就連年金基金也爭先恐後地表示，今後會減少對韓國股票投資的比重，增加國外股票的比重，實在令人無法理解。

本書執筆期間，韓日之間偶然發生經濟糾紛，日本對韓國進行經濟制裁，韓國國內也發起抵制日貨運動。但抵制日貨，無法解決更根本的問題。為了過上更有餘裕、更幸福的晚年生活，必須要實踐那些日本從未確實做到、讓資本更努力運作的方法，以達到更加明確的財富自由。

體育賽事往往會引起熱烈關注，所有人都會顯得很狂熱；但金融知識是與每個國民生活息息相關的問題，同時也對國家競爭力有著絕對的影響，比運動賽事更需要大家迫切的關注。

希望這次經濟糾紛能成為讓我們好好把握日本經濟與社會的契機。如前所述，日本因為金融文盲的關係，造成了無可避免的失落三十年。因為金融文盲率仍未下降，未來前景也不樂觀。藉由這次的機會，我們應該將日本過去錯誤的政策與犯下的錯誤視為反面教材，確實醒悟走向與日本相反的道路才是真理。

日本的經濟健全性

日本的國家負債率為百分之兩百三十八，位居世界第一。國家負債率指的是負債佔國家GDP之比重，美國為百分之一〇五，英國為百分之八十，韓國則為百分之四十。日本因低出生率與高齡化，造成經濟與社會構造變得脆弱。因為沒有建立用投資讓錢滾錢的系統，導致退休準備也不夠確實充足。也就是說，這些需要償還的債務，得讓未來的下一代來承擔。

要解決國家負債的唯一方法就是恢復經濟，大幅降低金融文盲比例，讓更多人擁有經濟自由，當國民變得富裕，國家也才會更加富強。

OECD 國家別政府負債現況（2016 年，佔 GDP 的百分比）

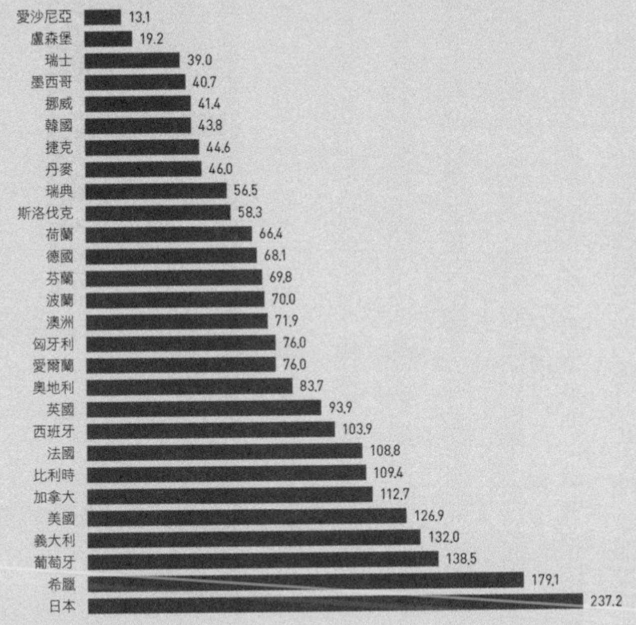

出處：〈KEE e 雜誌〉OECD STAT，2018.1.22.

03 擺脫視野狹隘的理財方式

最近由於與日本發生的貿易糾紛，韓國股市出現了大幅波動。股市對於政治議題反應敏感，加上媒體的推波助瀾，助長了社會上更強烈的不安。我收過許多媒體的採訪邀請，也實際上過節目。這段期間即使股市經歷無數次漲跌，但看到負面新聞就認為股票會下跌的人，其反應卻是始終如一，不具體說明日本的經濟制裁實際上究竟會帶來多大影響、哪些產業或企業會受到最大的影響。假設股票價值下跌百分之十，就等於總市值減少百分之十；如果某企業的股票總市值為十兆韓元，減少百分之十就等於有一兆元市值蒸發了。但日本經濟制裁帶來的影響，損失真有達總市值的百分之十嗎？如果實際狀況並非如此，各位的選擇會是如何呢？在大部分人大聲嚷嚷著要賣掉股票的時候，反而更應該買進不是嗎？

看看二、三十年後的未來，股票投資人並不太在意短期漲跌。不僅是韓國，世界經濟也在這段期間內經歷週期性的巨大混亂。每當這種時期股價都會暴跌，但沒過多久又會恢復，最後又繼續不斷上升。

如果是二、三十年後才考慮賣出的股票，就沒必要讓心情隨著因短期收益率起起伏伏；相反地，當股票價格下跌時，更要將其視為投資進場的好機會。因為只要是基礎穩固

韓國綜合股價指數與美國道瓊股價指數趨勢（1985.1 ～ 2019.10）

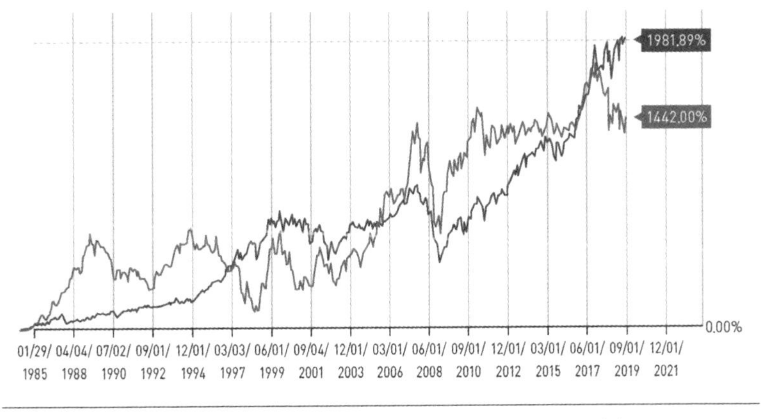

出處：Investing.com

的企業，長期來看，該公司的股票必然會上漲。

亞洲金融風暴時韓國股票大幅下跌，許多股東們都因為害怕之後股價會持續下跌，紛紛拋售自己持有的股票，好為自己的損失設下停損點。但在金融風暴過後，韓國股票價格漸漸回升；從長期來看，股價也呈現大幅上升的趨勢。短期內因股價暴跌而拋售持有股票的人應該會感到後悔，但所有人都知道：當時沒被動搖，繼續長期持有股票的人，後來都獲得鉅額的收益。

投資股票並非是一種「技術」，股票不是用來買賣，而是要不斷累積。大多數人都誤會投資股票是要配合買進與賣出的時機；但「配合時機」這種事情，一、兩次還有可能，不可能每次都有完美時機，這就是投資與賭博的差異。與其為了抓住時機耗費心力，不如尋找好的公司，長期持有該公司股票並共享成果，這才是真正的投資。如果沒有受過投資訓練或是沒有時間，可以選擇投資基金做為替代方案。

如果你投資的企業有賺錢，那即使股價下跌也不需要擔心，因為長期來看，股票必定會反映此公司的價值。如果光看股市情況和圖表就憂心忡忡，而不考慮公司的實際業績，這並不是良好的投資習慣。

優秀的投資人無論是晴是雨，一定會用多餘資金持續買入股票或基金。我們必須以這樣的方式腳踏實地投資，直到可以退休、達到財富自由為止。優秀的投資人會比任何人都更早買進股票，比任何人都晚賣出股票。所以應該要努力創造更多多餘資金，這看似極為單純，但卻也是致富最確切的方法。

股市對大部分的新聞都會過度反應，如果有不好的消息，媒體就會擴大不安感，讓民眾的心態跟著傾斜。雖然股市看似時好時壞，但長期以來擔任基金經理的我透過經驗了解到，有著良好基礎的企業股票，長期來看一定會上漲。持有良好企業股票時請不要動搖，而是要繼續持有，這才是成為優秀投資人最確實，也是唯一的途徑。

04 讓孩子早日踏上資本家之路

各位想讓孩子成為富人嗎？還是雖然有著高學歷，卻依舊為錢所困呢？我們現在需要打開天窗說亮話。

我所遇過的家長大部分都希望孩子是前者，他們承認會支付過度的補習費，最終目標其實並非累積知識，而是希望孩子以後能夠過上富裕的生活。而孩子們會想要考上好大學，與其說想要獲得更多學問、獲得成就感，倒不如他們也認為這是致富之道。如果致富才是目標，那麼孩子們現在接受的是成為資本家的教育，還是成為勞動者的教育呢？有一點是可以肯定的。那就是教導孩子要好好唸書、考上好大學、進大公司上班，就等於教導孩子走向勞動者之路。我們周遭不乏很會唸書的優秀勞動者，但很會唸書資本家並不多見。

韓國、中國、日本大學生創業意願差異

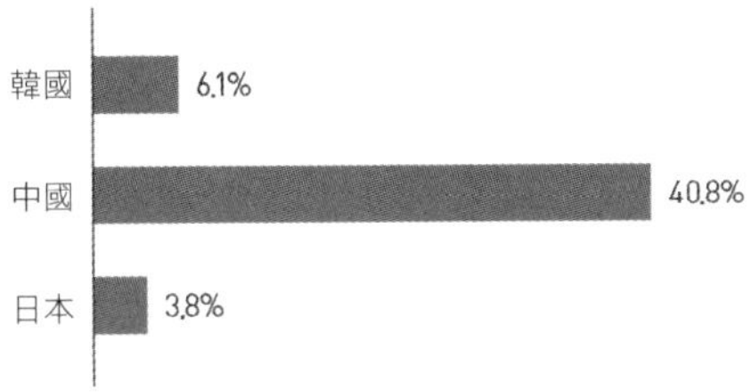

出處：韓國貿易協會問卷調查

再次強調，為了成為勞動者而支付過多教育費用，是讓孩子變得貧窮的最大推手。如果真想讓孩子致富，與其勞心勞力要孩子好好唸書，倒不如幫助他們成為富人，提前制定財富自由的計劃，這才是明智的選擇。既然不可能一夜致富，就必須要提早開始、一點一滴地準備才行。最優先的事項，就是將用於補習費的寶貴資產，換為投資股票或股票型基金的資金，或是孩子未來創業的資金。投資股票是為孩子創造財富最有效的方法，也是為孩子提供優秀創業點子的方法。讓孩子透過投資股票了解創業家的故事、管理階層的經營哲學、行銷策略等，就能讓孩子有好的想法，養成致富的習慣。

根據韓國貿易協會以韓國、中國、日本大學生為對象所實施的問卷調查結果顯示，百分之四十的中國大學生表示有意願創業，韓國只有百分之六，日本則只有百分之四左右。同時，在韓國有百分之二十五的大學生希望未來能成為公務員。雖然不能說這樣的期望不好，但如果有人希望成為公務員，我只能認為他並沒有以成為富人為目標。

時常令我感到意外的現象之一，就是人們認為只能在資本家和勞動者兩者之間擇其一。大多數人認為自己無法致富，所以熱切期盼成為解僱風險較低的的勞動者，從這個脈絡中也可以理解國考熱潮從何而來。

但是薪水增長是有限的，而且在退休同時就會中斷，所以要靠攢下薪水來致富是不可能的。相反地，資本即使不另外花費心力，也能夠自己增加，當然也不會休息或退休，因此月薪族也需要讓自己的資本運作才行。

當你第一次進入公司領到薪水時，透過勞力獲得的收益，可能比投資股票獲得的收益還要大，而且增加得更快；但當你從勞動收入中無條件拿出百分之十投資股票時，你的資本就會開始增值。隨著時間過去，資本增值的速度也會加快，總有一天會超過你的薪水。

雖然二十多歲的人能投入的資本不多，但到了四、五十歲時也會明顯增加，這就和雪球愈滾愈大一樣。隨著年紀增加，你的薪水會慢慢增加；每天累積、自行運作的資本，則會因複利效果急劇增加。薪水不該是用到有剩才開始慢慢存，而是應該先拿出一部分的薪水做為資本，持續不斷投資，讓資本逐漸增加，去理解並實踐讓資本自行運作的原理，這就是讓月薪族成為資本家，最終得以致富、達成財務自由的方法。

如果你是月薪族，請趁早加入資本家的行列。在財富自由之路上，愈早成為資本家、讓資本滾動時間愈長的人，絕對愈有利。最有利的人就是現在剛出生的孩子們，這就是我的公司之所以設立未來億萬富翁俱樂部的原因。

一開始凝聚雪球滾動時，雪球並不會很快變大；但假設是從山上滾下去的話，山愈高就愈有利，複利運作也是時間愈長，就愈能致富。這就是如果想成為富人，就該從出生就立刻開始投資的理由，但人們往往忽視了如此簡單且明確的原理。

巴菲特的「雪球效應」

所謂的「雪球效應」（Snowball effect），是比喻像堆雪人一樣，原本只是一個拳頭大小的雪球，在持續不斷滾動的情況下，不知不覺就會堆得像山一樣大。這是世界知名「股神」巴菲特（Warren Buffett）為了說明複利效果，經常使用的金融用語。即使一開始本金很少，但只要利上加利之後，就會形成更多的資產，他將這個現象比喻成滾雪球。實際上，巴菲特從十一歲時就開始投資，逐漸增加資產，現在已經成為擁有千億美元財產的鉅富了。

如果三十五年前交給巴菲特一百

從波克夏海瑟威（Berkshire Hathaway）股價看雪球效應

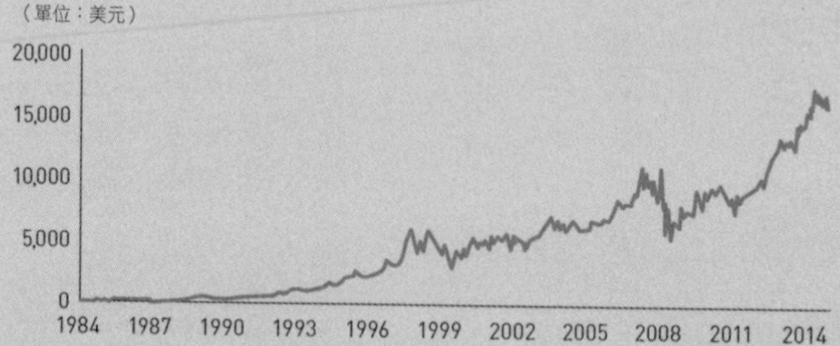

出處：彭博新聞社

萬，現在可以創造出一百八十億以上的財富，如同滾雪球一樣愈滾愈大，這就是複利的魔法啊。只要用現在省下的幾千元，一點一滴地持續投資，就能預期到十年、二十年後巨大規模的資本增長。

比起大家普遍重視的學校成績，更重要的是金融教育。我們應該將重心放在如何成為資本家，並將其教給孩子、與孩子對話，這就是能為下一代留下的最偉大資產。相反地，會將鉅額資金投入補習費的，通常是沒想過要致富，又或是不懂這樣原理的人。

在美國家庭，特別是猶太人的金融教育中，就可以明顯看出差異。比起任意給孩子零用錢或買東西給孩子，他們通常會選擇讓孩子以小小的勞動來賺取自己的零用錢，培養不同的認知，同時養成不浪費的習慣，然後引導孩子將那些錢拿去投資，使其增值。

想要讓孩子經濟富足，比起要孩子會唸書，更重要的是從小培養孩子的金錢觀，這不是在一代就結束，而是讓世世代代都能致富的秘訣。聰明的父母送禮物給孩子時，應該要發揮智慧，用玩具的公司股票來取代玩具。

猶太人舉辦成年禮時，親人們會餽贈孩子現金取代禮物，這時孩子平均收到的金額約為五～六萬美元。孩子們會開始研究如何運用這筆錢，思索讓資本增加的方案。他們大多會將這筆錢拿去投資股票，接著十年、二十年、三十年過去，他們會擁有將這筆錢增加到巨大規模的經驗。這就是猶太人比其他民族擁有更多財富的簡單秘訣。學習如何利用時間和資本，這就是對金融正確的理解，也是破除金融文盲的正途。

提早走上資本家之路的孩子們，因為將時間資源發揮到了最大限度，在致富之路上享有絕對優勢。因此，長期投資三十年、五十年的人才會如此游刃有餘，因為才幾個月的漲跌根本不算什麼，而這樣的餘裕與等待，最後能獲得巨大的成果。與買了股票後，股價沒在幾個月內漲起來，就感到坐立難安，並急著做出判斷的人相比，他們累積的是不同質量的財富。

我們不只要讓孩子儘早開始投資股票，也要與孩子商量股票的事。例如，

「我們持有的A股票今天跌了3％，為什麼會這樣呢？世界汽車產業的前景如何呢？」以類似這樣的內容為主題，與孩子進行對話。像寶可夢這樣的遊戲上市時，也不要只是單純買遊戲給孩子，而是可以和孩子討論任天堂之類企業、娛樂產業今後會出現什麼樣的變化，並討論是否該購買這些企業的股票。以投資股票為媒介，培養孩子看待世界的眼光，也能夠讓孩子對經濟、社會與生活有更深入的了解。事實上，在美國中產階級家庭，特別是猶太人家庭裡，這樣的對話是非常稀鬆平常的。

我也建議各位可以透過購買美股，來當作學英語的有趣方法之一。如果對美國企業感興趣並且想投資，就要瀏覽那些企業相關的英文報告與說明，同時也會因為自己的金錢投入在上面，而更加抱持關心。因此如果孩子有機會投資美股的話，就能同時進行金融教育與英語教育，達到一石二鳥的效果。與其浪費錢上英文補習班，不如下載彭博新聞社（Bloomberg News）的APP，每天接收全世界的經濟消息，會比任何英語教育來得更有效果，英語補習費當然是拿去投資股票或基金。

在孩子還小的時候，透過投資股票培養孩子成為資本家，教育並引領孩子走向致富之路的必要性，不管再怎樣強調也不過分。比起因為準備升學考或國考而花費鉅額補習費的家庭，從父母那裡獲得這樣家庭教育的孩子，將會擁有無可比擬的光明前程。

05 別殺了會下金蛋的鵝

在《伊索寓言》中有篇相當有名的故事，名為〈下金蛋的鵝〉。故事情節很簡短，有隻鵝每天都會為農夫下一顆金蛋，這隻鵝為農夫帶來了很大的財富。但也因為這隻鵝，農夫變得懶惰又貪心，認為鵝的肚子裡可能充滿黃金，於是就把鵝殺了，剖開鵝的肚子一看，結果裡面一點黃金也沒有。

再也沒辦法擁有任何黃金的愚蠢農夫，永遠失去了致富的機會。然而，我們是否也犯下了同樣的錯誤呢？如果真有會下金蛋的鵝，聰明的人不會把鵝殺死，而是會更努力飼養；如果不只有一隻，就會儘可能飼養好幾隻。但在現實中，太多人做出像傻農夫一樣的決定，毫無計劃地浪費掉未來退休資本的人，就像是殺死鵝的農夫一樣。不把寶貴的多餘資金攢下來養鵝，而是拿來買名車名牌、三不五時出國旅遊，或是過度支出補習費的人們，就是殺死鵝的人啊。

在啟動「財富自由巴士之旅」，並進行投資教育與諮商的期間，我見過各式各樣的人，但其中許多人並沒有飼養會下金蛋的鵝，反而犯下了傻農夫所犯的錯誤，將鵝殺掉。

養鵝就像為財富自由做準備的過程，相反地，過度消費就與殺死日後自己退休生活要仰賴的鵝無異。如果想養一隻會下金蛋的鵝，就應該減少消費來投資，這樣才是正確的選擇。

要減少消費並不容易，因為人們對不控制消費的生活已經習以為常，思考方式也已經根深蒂固，再加上在意他人想法的心態也起了一定的作用。但即使這很不容易，我們也該果決放棄每天殺鵝的生活方式，養成飼養鵝的習慣。即使只是小額，也要每天持續買鵝，讓這些鵝在長大後負責起自己的退休生活，達到財富自由。

72法則

有個「72法則」，用以計算投資本金要翻倍所需的時間，是以年為單位計算的簡單公式。72除以年化報酬率後的數字，就是本金翻倍所需要的時間。假設年化報酬率是6%，72÷6＝12，這表示本金在十二年後就會增加一倍。

你可能會想「十二年是不是有點久？」但要記住：最初十二年翻倍的本金不會就此止步，而是會在十二年後又再度翻倍。換句話說，在二十四年內，本金會翻四倍；照相同原理，三十六年後會翻成八倍，四十八年後將會翻成十六倍。

在最初的一年、三年、五年裡，你不會感受到太大的複利效果；但在二十年、三十年後，時間愈長，

72 法則

$$\frac{72}{\text{年化報酬率}} = \text{本金翻倍所需時間}$$

隨著投資時間改變的複利與單利效果

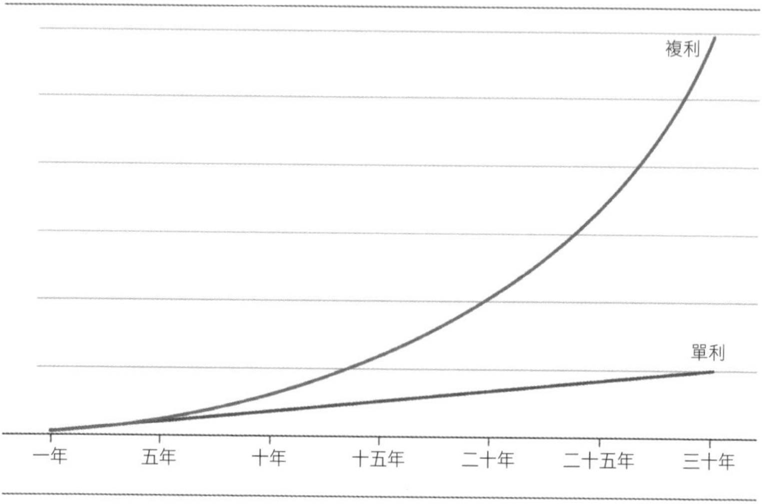

複利就會發揮愈強大的力量，以時間做為動力培養強大威力。

巴菲特透過投資大大增加了自己的資產，進而成為世界首富，而他賺最多錢則是在最近十年。巴菲特的資產以一定的時間為後盾，發揮強大的複利效果，達到了大規模的增加。

不要小看為數不多的錢，不要任意消費，也不要將錢綁死在銀行儲蓄裡，而是要持續投資。真心希望各位能夠儘早透過投資，在日後享受複利魔法帶來的效果。

06 務必投資股票或股票型基金

史賓瑟．海伍德（Spencer Haywood）是美國一九七〇年代全盛時期的著名籃球選手，於一九七〇年獲得MVP，同時也是西雅圖超音速隊（Seattle Supersonics）的傳奇人物，曾入選NBA名人堂。

海伍德選手在聲名大噪之際接到了耐吉（Nike）的贊助提案，只要他穿著耐吉的運動鞋奔馳在球場上，就能在以下的兩個提案中擇一做為回饋：一個是現金十萬美元，另一個是耐吉百分之十的股份。

海伍德打電話給他的經紀人說明提案並且尋求意見，經紀人回答「這種小企業的股票不知道以後會怎樣，拿十萬現金當然比較好」，他根據經紀人的建議，選擇了現金十萬美元代替股票。

隨著時間過去，海伍德後悔萬分地說那是自己這輩子最糟糕的決定。過了四十五年之後，耐吉的市價總額已經高達一千一百億美元。如果當時海伍德沒有選擇十萬美元現金，而是耐吉百分之十的股票，其價值將高達一百一十億美元。

簡單來說，投資股票就是成為那家企業的合夥人，這是一種長期投資，並且等待企業成長的過程。從海伍德的故事可以得知，如果長期投資有能力的企業，在之後將能獲得巨大的成果。

在各種媒體上，常能聽到所謂「股票專家」提出「本週經濟數據不佳，拋售股票增加現金比重才是明智之舉」之類的建議。大部分人認為，所謂股票就是在開始上漲之際買入，在開始下跌時趕快賣出，以賺取價差的技術，並將這樣的行為稱為「擇時交易」（Market Timing Strategy）。從這種視角投資股票的缺點，就是會錯失長期創造鉅額資產的機會。投資股票不是單純購買一紙證券，而是獲得這家公司的股份。其條件就是需要長期投資，所以持有股票較久的人是絕對有利的。如果想真正致富，就必須持有股票或基金。

頻繁買賣股票並非聰明的投資方法。雖然很多人相信股市是可以預測的，但股市的好或壞存在無限的變數，不只是世界經濟環境或國內景氣，包括政治、外交情況，甚至人們的心理因素等，都會對股價造成影響。想要正確預測這所有一切來買賣股票並獲利的想法，可以說近似賭博。

在投資股票時，追求擇時交易的人並不會去預估自己想投資的公司價值，只是重複進行毫無意義的買進賣出，浪費手續費。當股票上漲時，就會因為看好股價而倉促買進股票，但只要股價稍有下跌就惶惶不安，抱持要在蒙受更多損失之前趕緊脫身的心態拋售股票。

一旦因為想炒短線而蒙受損失、浪費了時間和心力，這些人和其周遭的人們就會產生投資股票是不好的偏見，而這樣的偏見漸漸擴散開來，造成社會上金融文盲的現象。如果投資股票的本質在於執著擇時交易的短期投資，那麼投資股票的確是件危險又不健全的事。**但投資股票既不是遊戲，也不是技術，而是哲學。**因此，必須要有選擇好的企業，成為該企業的的主人，並且長期與該企業並肩同行，共同分享成長果實的長遠眼光，我們要以這樣的價值觀為基礎才是。

如果選擇了優良企業來投資，就要專注於企業的價值，不要受外部因素或股市情況左右。而且你持有的時間愈長，結果就會愈好。如果沒有特別需要拋售的因素，就應該繼續投資下去。所謂的特殊拋售因素，例如：經營團隊變得毫無道德、股價沒理由地暴漲到高出企業價值許多，或因時代或技術讓產品失去價值……等企業本身發生重大變化的情況。

股市行情漲跌無限反覆，股市的總市值卻會持續增加。不努力尋找基本盤優秀的企業，只看市場時機交易是不明智的投資方法，這樣的投資者是絕對無法成為富人的。

如何選擇優良的公司投資

選擇優良投資對象的過程，就和尋找合夥人的過程類似。在合作時最重要的考量因素，就是經營團隊的品質。經營團隊抱持什麼樣的哲學與經營藍圖，以及為了股東願意透明化的程度，都會影響到公司的長期成長。

我們必須綜合判斷經營團隊是如何賺錢與運用，這部分的資訊在網路上很容易找到，即使不是機構投資人也能充分瞭解。那麼該如何了解經營團隊呢？雖然大家普遍認為，營運大筆鉅額資金的機構投資人應該可以掌握更多資訊，但事實並非如此。大部分情報都可以在營業報告書找到，從營業報告書中，可以看到該公司CEO的經營方針，或是CEO的信函等。另外，透過一家公司的歷史，就可以知道該公司過去發生過什麼事。只要有以上這些情報，就可以決定是否要與該公司攜手合作了。

想再更深入一點，還可以從資產負債表、損益表等來看，具體掌握這家公司是如何賺錢、如何運用資金，可以知道大概的損益與趨勢，還能看出是否有費用被用於無用之處，或資金是否流入大股東或經營層私人所有的公司，投資時必須要非常重視公司的營業報告書。

要完全準確預測短期的股價漲跌是不可能的，但只要透過營業報告書，就可以掌握公司長期的收益和成長。最終，有良好收益與成長的公司價值將會更加擴大。

公募基金與私募基金

最近大眾對私募基金愈來愈關心，讓我們簡單了解一下私募基金與公募基金有什麼不同吧。

簡單來說，公募基金是指透過銀行、證券公司或資產管理公司開設非面對面帳戶，輕鬆買入基金。例如，透過邁睿思資產管理的非面對面帳戶，可以購入的基金幾乎都是公募基金，如同一般人可以輕鬆買入的商品一樣。保護投資者對公募基金來說相當重要，因此金融監理機關會定期施行稽查或調查，如果被查出有損害投資者利益的行為，將依相關法律與罰則處以鉅額罰款，以各種措施保護投資者。

相反地，私募基金則是給那些擁有高額資金，對基金相當了解的少數人投資的基金。以美國為例，淨資產必須達到一百萬美元以上，或是近兩年的年收入超過二十萬美元以上，才具備投資資格。但私募基金在保護投資者的規則上相對自由，美國的避險基金就屬於這類。

那麼私募基金為什麼不像公墓基金一樣，有嚴格的管控呢？這是因為有錢的富人們希望能擺脫監理機關的限制，自由投資；國家也認為沒有必要保護那些擁有龐大本金及充足金融知識的有錢人們。也就是說，私募基金是由少數投資者營運，他們已經相當清楚投資風險而有所投資，不希望受到干涉。

歸根究底，公募基金與私募基金最大的差異，就在於對投資者有無保護措施。就保護投資者層面來說，公募基金更加有利。因此如果是金融知識未達一定程度的人，應該要對投資者較不受保障的私募基金更加謹慎。

07 股票VS基金

很多人都會問，股票和基金的差別是什麼？股票與基金哪種比較有利？投資股票是選擇特定企業的股票後，透過自己交易的證券公司來購買的行為，所以要買賣股票，首先必須在證券公司開設證券戶。但光是國內股市，可能就有幾千種上市股票，你一開始難免會對要買哪些股票感到茫然，很難踏出投資的第一步。

基金是為了對投資有興趣，但沒有多餘時間，或沒有投資基礎的投資者所制定。根據投資對象不同，基金的種類也有所區別。股票型基金是主要投資股票的基金，債券型基金是主要投資債券的基金。在本書中，我想談的是股票型基金。

對於沒時間，或是對該投資什麼股票沒有頭緒的人來說，建議投資股票型基金。基金的優點是能夠在五十至七十支股票中平均投資，每天可以投資很少的金額，缺點是需要支付手續費。

無論是直接投資股票，或是投資基金，最重要的一點就是立刻開始。即使你已經開始投資，也需要時時檢視自己是否根據正確的投資哲學在投資。就算是認同投資股票必要性的人，也有可能因為這是你這輩子從未嘗試過的事情而感到害怕，因而一再拖延投資時機。各種媒體的股市新聞如洪水般湧來，反而帶給人們混亂。如果對投資股票有錯誤的認知，就會不斷處於不安與混亂之中。只有抱持對股票的理解跟認識，投資才會成功。簡單來說，投資股票就是取得特定企業的股份，透過該企業的活動，共享其利益。

許多投資者卻輕易忽略如此單純的原理，基於想快點賺到錢的慾望，犯下頻繁買賣股票的錯誤，最終以失敗告終。成功的投資者則是讓投資公司的經營團隊努力工作，等待創造財富的時間來獲取成功。與之相反，如果想透過買賣股票來賺錢，最終只會迎來失敗。因此，挑選股票時，最需要留心觀察的是一間公司經營層的素質。

投資基金的方法與股票沒什麼不同，投資股票的投資哲學也適用於投資基金。選擇基金時，不僅要考慮營運基金的公司，也就是資產管理公司的哲學，也要檢視基金經理人的經驗、經營哲學。基金經理人持有股票的哲學是相當重要的。

有一個可以簡單確認基金經理人哲學的方法，就是特定經理人營運基金的週轉率（turnover ratio）。週轉率是指將買賣持有股票的頻率以數值來表現，在基金的年度總交易總額除以基金營運金額後的數值。例如，如果基金週轉率為100％，就代表所持有的股票會在一年內替換成新的公司股票；如果週轉率為50％，則股票持有期限為兩年；週轉率為10％，則表示持有期限為十年。相反地，如果週轉率達到500％的話，就表示一年內替換了五次項目。在韓國很常見週轉率達到300％以上的基金，建議你最好要避開。

接下來必須要考慮的就是基金手續費（銷售佣金）。每支基金的手續費都不一樣，會根據基金等級有各自的費率；即使是同樣的基金經理人，手續費可能也不一樣，應該選擇手續費較便宜的基金。節省手續費最有利的方法，是以非面對面的方式，直接透過基金管理公司購買基金。

有佣基金 VS 免佣基金

基金手續費（銷售佣金）大致可分為三大種類：第一種是首次購買基金時，所收取的申購手續費，通常少則0.3%，多則1.0%。第二種是支付給營運基金的基金管理公司的基金管理費，以費用較高的股票型基金為標準，平均約為0.7%。第三種是支付給銷售基金的公司，也就是銀行的信託管理費。

在購買基金時，應該要好好理解這三種手續費，盡可能選擇不需支付，或最小化的方式來投資，因為從長期來看會對收益產生很大的影響。

在過去，透過銀行或證券商購買基金是相當普遍的現象，因此可以節省手續費的方法不多；但現在隨著技術的發達，不需要經過這些機構就可以購買基金。透過基金管理公司的非面對面帳戶就可以購買基金，也可以大大減少手續費。收取手續費的基金稱為「有佣基金」（Load Fund），不收取手續費的稱為「免佣基金」（No-Load Fund），以同樣基金而言，手續費愈少當然愈有利。以美國的情況而言，過去大部分都是有佣基金，但是現在大多都是免佣基金。

08 擺脫八大投資偏見

我們幾乎在各方面都屬於先進國家的行列，金融領域卻是十分落後。如同前面也提過好幾次，民眾的金融文盲已經到了相當嚴重的地步。金融文盲不僅威脅著每一個人，同時也威脅著一個國家的競爭力。回國以後，我就發現許多人被錯誤的偏見所束縛，就讓我們來了解一下各種偏見中具有代表性的幾種。

偏見一　借錢來投資股票也沒關係？

環顧四周可能會發現有人貸款投資股票，但在投資股票時絕對禁止的事項之一，就是借錢投資。這是為什麼呢？

股票市場的短期狀況是無法預測的，因此投資股票應該以長遠的角度來進行；但如果靠借貸來投資，長期投資就會變得很困難。借貸大部分都會訂定償還日，如果你借錢來投資，就會產生短期投資的習慣，我們應該用多餘資金來投資股票才對。

一般來說，大家會認為多餘資金是「用剩的錢」，因此認為自己沒有多餘資金。但多餘資金並非指花費後剩下的錢，而是在消費之前，「為了退休事先存下的錢」才對。也就是將月薪的百分之十或二十當作退休準備金，另外存下來，投資最重要的就是這樣的哲學。

如果你現在正在舉債投資，建議優先償還這筆債務，之後再以長期角度投資股票。

切記：投資股票時，愈常短期買賣就愈是不利。

偏見二　投資股票很危險？

「聽說那個誰，玩股票玩到把錢都賠光了！」之類的臺詞，竟然會毫無顧忌出現在連續劇裡。在全世界的資本主義國家中，這可是鮮少見到的景象。由此可見，國人對投資股票抱持著強烈的錯誤偏見。

當然，有很多上市後廢止的股票；相反地，股價上漲了幾百倍的股票也是多得很。問題是「為什麼」投資在「某些」股票的過程，投資人完全沒有考慮這些問題。如果以正確的哲學和原則來投資，長期來看股票是一定會成長的。

許多人斷定投資股票非常危險，甚至認為與賭博無異。各種媒體也大肆宣傳這種想法，認為應該儘量避免投資股票，我想大概是因為股價每天都起起伏伏，這就是犯下將變動性（volatility）與風險（risk）混為一談的錯誤。

雖然股價千萬變化無法預測，但以優秀的企業為對象，所做的長期股票投資是讓你達到財富自由、安心退休的最好方法。再次強調：**最危險的不是投資股票，而是不投資股票。**

偏見三　個人投資者因為資訊不足而處於不利地位？

很多人都認為，投資股票時如果能獲得愈多訊息，就愈有利。因此，與機構投資人相比，缺乏情報的個人投資者要來得不利許多。許多YouTuber或證券專家也都相信這點，輕易斷下定論，但我無法同意這樣的論點。

大部分投資失敗的人並非缺乏資訊，而是因為資訊過多，才做出錯誤的決定。也就是錯誤解讀或對自己掌握到的情報過度反應，而非不知道情報才導致投資失敗。氾濫的短期性訊息妨礙長期投資的情況比比皆是，如前所述，有著優秀基本盤的企業股價經過長時間之後還是會上升，這是不變的道理。而且關於企業基本盤的資訊，任何人都可以透過網路輕易取得。

切記：投資股票並不是情報之爭，而是耐性與哲學之爭。

偏見四　投資不動產比較安心，投資股票很不穩定？

所有投資都是以擴張性與成長為前提。買入某上市公司的股票，就代表取得該公司的股份，並與其經營層成為合夥人。為什麼會購買這些股票呢？就是因為相信該公司今後會繼續發展；換句話說，你相信隨著時間過去，該公司的營業額、利益與資產都會增加。正是基於這樣的信任，才會想投資該公司的股票、共享他們的成長。短期的價格變化，則是為了獲得長期果實所必須承擔的，風險與變動性在前面已經說明過了。

認為不動產比股票是更安全的賺錢手段，這是不恰當的想法。透過不動產賺錢的理由之一，就是透過背負債務的投資，也就是財務槓桿效應，但這種槓桿效應並非隨時都能得到。

假設用20％的自有資本（頭期），與80％的負債（房貸）購入不動產，不動產價格上漲10％，投資的資本報酬率為50％。但相反地，如果不動產價格下跌10％，則與其相反，會面臨50％的損失。假設沒有負債（貸款），完全以自有資本來投資，考慮到機會成本，從長期來看，不動產並非比股票更好的投資對象。

錯誤的投資知識與偏見會引發扭曲的資產分配。日本的不動產價格持續下跌，為人們的老後生活招致了嚴重的副作用，我們必須將這樣的事實銘記在心。韓國約有七成至八成的個人資產與不動產綁在一起，一旦房市下跌，就會面臨像日本一樣嚴重的問題。這就是我們為了分散風險，必須降低不動產佔資產比重的理由。

偏見五 身邊沒看過因為投資股票而賺錢的人？

大部分的富人們，都是股票持有者，要找到沒有持股的有錢人是很困難的。那些說自己不投資股票的富人們，只是忘了自己實際上持有股票。因為成立公司而取得巨大成功的人們，雖然自己公司的股票沒有上市，但他們還是持有股票，差別只在於上市還是非上市而已。大部分的富人都會透過股票增加資產，投資股票就會賠掉資產的想法究竟從何而來呢？

很多人忌諱投資股票，是因為聽說身邊的人因投資失利而傾家盪產。但從那些失敗者的情況來看，原因大部分都不是因為投資股票這個行為本身，而是把投資股票當作賭博，才導致了不良的結果。也就是說，這是因為對新聞資訊反應過度，不停地買賣股票所導致，投資股票本身並不是錯誤行為

與這些人不同，我們必須清楚認知到：長期投資股票的人們，大部分都會成為富人的事實。

偏見六　經濟不景氣，所以不能投資股票？

韓國人看待自己國家經濟的視角，比國外來得更悲觀。加上實際經濟狀況和股票市場的漲跌不會總是一致，即使實體經濟景氣好轉，也不代表股市一定

會跟著變好。讓股票市場敏感的因素是利率和通貨膨脹，當景氣轉好的時候，股市反而會出現下跌趨勢。這是因為景氣好時，利率會變高，導致通貨膨脹的壓力上升。沒有必要對於經濟成長率趨緩，或是出口減少等經濟指標過於敏感，無論景氣好壞，投資永遠都有機會。

偏見七 買賣股票的正確時機很難把握？

很多人誤以為投資股票就是把握正確時機買賣股票，但股票並不是為了要賣出才買入，而是為了長期投資，分享企業的成長果實才買入，相當於獲得該企業的部分所有權。因此，除非企業基本盤發生重大變化，否則沒必要賣出，當然也沒必要為了尋找賣出的時機點耗費心力。

偏見八　放棄學業或工作，成為全職投資者也沒問題？

這是絕對不可以的行為。前面已經說過很多次，投資股票代表相信企業經營的能力，並且長期等待成長。有件事你該銘記在心：那就是賺錢與否是取決於企業管理階層的經營能力，而不是你買賣股票的實力。不管是學生還是上班族，都一定要學習投資，但請切記：如果想靠自己的「實力」玩股票賺錢，註定會失敗。

什麼時候才該賣出股票？

很多人在買入股票的瞬間，就開始衡量賣出的價格。我認為賣出股票應該要基於下列三大理由：第一是比起公司價值，股價上漲速度過快，或是在市場上被稱為所謂的「概念股」，隨著流行而上漲時；第二是當支配結構有巨大變化等，失去長期持有股份的理由時；第三是出現了其他你想要買的好股票的時候。如果只是因為股價漲了兩成就賣，或是損失了兩成就趕緊拋售，這絕對不是好的投資方法。除非企業嚴重虧損而前景堪憂，否則其實沒有賣出股票的理由。

從一九九一年至二〇〇五年的十五年期間，我負責經營韓國基金，並用每年平均不到總資產10%的資金買賣股票。也就是說，我持有股票的期間約為十年。雖然我不是經常買賣股票，但與股價指數相比，我每年平均有超過10%的超額報酬。

即使知道長期投資的優點，人們還是執著於短期投資，這是因為在過多的新聞與訊息洪流之中，人們沒有多餘心力進行主觀思考。大家在投資企業的同時，比起掌握企業整體動向，更習慣專注股票流動的趨勢。如果認同長期投資的必要性，就必須練習相對應的課題，也就是付出時間與努力找到優秀的公司。天下沒有白吃的午餐，但你也不該浪費不必要的時間在市場時機上。當你為了長期投資而考慮要選擇怎樣的公司時，你的投資就已經成功了一半了。

切記：投資股票是否成功，取決於你長期持有什麼樣的股票，而不是市場時機。

第三章

財富自由之旅的 9 大階段

第0階段 啟程之前

在本書第一章，各位已經瞭解到光靠努力工作無法致富的理由；第二章則說明了如果要成為富人，就要讓錢自己運作，以及必須了解投資股票的正當性。現在各位已經理解對金錢的相關哲學，相信也會認同為了達到財富自由，不該為了錢工作，而是要讓錢為我們工作的道理。相信各位不只了解到大多數人無法致富、對老後生活感到不安的根本理由，也相當清楚改變生活方式、把錯誤消費轉為投資，儘早開始準備退休生活，達到財富自由，這些事情比任何事都還重要。不過，只是單純領悟這些道理並沒有意義，還必須將這些領悟化為實際行動才行。

財富自由之旅可能會讓人感到漫長又疲憊，如果在這過程中又經歷股市震盪，也有不少人會對自己的投資哲學有所動搖。雖然你可能會因為偶爾在媒體、網路上出現的「短時間內賺大錢」的內容受到誘惑，但財富自由並非一蹴可幾，必須靠著一步一腳印的實踐才能夠實現目標。雖然短期內看似困難，但從長期來看，所有人都可以致富。所以我們更需要帶著積極正面的心態，懂得明智地向前邁進才行。

本章中將具體列出成為富人的方法，以及財富自由的九大階段。各階段的方法都不困難，每個人都能夠輕易了解，衷心希望各位能以這些方法為基礎，獲得真正的財富自由。

第1階段 制定你的資產．負債現狀表

如同要找回失去的健康一樣，實現財富自由也需要時間和過程。就像要維持健康的生活習慣，才能重新找回健康；為了財富自由，我們也必須每天堅持實踐具體行動。

當我們知道自己健康出問題時，會先做什麼呢？應該會先從正確掌握自己的身體整體狀況開始吧。要針對目前的狀態進行分析，才能以此為基礎規劃該如何改變飲食、安排運動等等。

財富自由的旅程也一樣，首先要從掌握自己的經濟狀況開始。如同要掌握企業整體財務狀況，就必須分析資產負債表；在第一階段中，想掌握自己的經濟狀況，就要制定你得資產．負債現狀表。

要制定自己的資產・負債現狀表並不難，請參考第一百五十七頁的表格，將紙張分成左右兩半，左邊記錄自己的資產，右邊記錄負債狀況。

在左邊的資產欄中，依序填入現金、存款・定存、股票、基金、保險、不動產、退休金等現在持有的資產項目；右邊負債欄位中則寫下信用卡費、預借現金、車貸、房貸、其他貸款等目前持有的負債。左邊項目全加起來是總資產，右邊項目全加起來是總負債，總資產減去總負債的金額就你的淨資產。用另一種表現方式來說，就是資產的金融健康狀態。資產大於負債屬於淨資產狀態，資產少於負債的話是淨負債狀態。制定資產・負債表時有一點要特別注意：在填寫資產時不要包括汽車、珠寶、名牌服飾、皮包、飾品等物品，因為這些物品對於我們退休生活的資產並無助益。換句話說，資產登記欄中只須記錄會對退休生活有幫助的不動產、存款・定存、基金、股票、股票等內容即可。

資產・負債現況表不能只做一次，而是要定期檢查，確認自己的財務狀況是否逐漸改善。持續增加淨資產既是財富自由的過程，也是目標。即使你現在的淨資產只有微乎其微，甚或是負的，也不要感到失望，因為重要的不是現在，而是未來。積極正面思考，並堅持持續投資，時刻銘記複利的魔法。

淨資產價值要隨著時間而增加

總資產中扣除總負債後的淨資產價值，理所當然該隨著時間增加。如果想要增加淨資產價值，就應該在增加投資資產的同時，儘快減少負債。你可以減少支出來創造多餘資金，再把錢拿來投資或償還負債。

到底要先投資，還是先償還債務，我們會在後面第三階段討論到。但有一個事實很明確：想要增加資產和減少負債，就需要果敢地改變生活方式，減少那些虛有其表看起來像有錢人的消費習慣，要有成為富人的強烈渴望。

透過制定資產．負債現狀表掌握自己淨資產價值，光是這一點就足以證明了你領先了大多數的人了。不是有句俗諺說「好的開始就是成功的一半」嗎？

開始財富自由之旅才是最重要的，既然開始了，就不要停下來，只要堅持下去就可以了。隨著年紀增加也會隨之增加的資產，將會成為幫助你走向財富自由之路上的力量。

資產與負債記錄表

資產		負債	
現金	元	信用卡費	元
存款・定存	元	預借現金	元
股票	元	汽車貸款	元
基金	元	房屋貸款	元
保險	元	其他銀行貸款	元
不動產	元		
退休金	元		
總資產	元	總負債	元

總資產－總負債＝

第2階段

制定你的收入・支出現狀表

透過資產・負債現狀表可以掌握你現在的經濟狀況，那麼下一步就要掌握自己的收入與支出狀況。如果想增加自己淨資產的價值，就必須要先掌握自己過著什麼樣的經濟生活。

透過制定收入・支出現狀表的過程，可以掌握自己賺多少、花多少，找出收入與支出兩部分之中必須要改善的地方。以企業為例，企業的財務狀況會顯示在資產負債表上，企業的營業項目則會顯示在損益表上，這時損益表就相當於個人的收入・支出現狀表。

個人收入・支出現狀表不需要像企業會計部門製作得那麼複雜，只要像資產・負債現況表一樣分成左右兩欄，左邊記錄收入、右邊記錄支出即可。左邊收入欄裡填入自己（或加上配偶）的薪資收入、兼職收入、利息收益、配息收益、其他收益，右邊支出欄則是填入房租、貸款、養車費用、手機網路費、外食費用、孝親費、子女教育費用、零用錢等，將每個月的支出項目一一記錄下來。

別讓你的支出超過收入

在收入．支出現狀表中，左邊項目加起來是總收入，右邊項目加起來是總支出，將總收入中減去總支出剩下的金額，就是你目前經濟生活的成績表。如果這個金額是負數，也就是說總支出高於總收入，那麼你現在就是處於遠離財富自由的生活方式。

一般人收入項目中要有所變動的餘地並不大。首先在收入方面，可分為像薪資一樣定期入帳的固定收入和變動收入。雖然利用業餘時間兼職，或是透過販賣二手的方式可以多少增加變動收入，但要增加固定收入並不容易，因為薪資突然大幅上漲的情況非常罕見。

但就算收入沒有變化，你也可以憑藉個人努力改變支出。月薪兩萬五的人，每個月如果支出兩萬，就剩下五千；月薪五萬的人，每個月花掉四萬，就只剩下一萬；月薪十萬的人，如果每個月花十五萬，每個月就會產生五萬元的赤字。也就是說，手頭上是否有多餘資金，是取決於支出，而非收入。

建議你詳細記錄支出項目，並從多方角度審視。房租佔了你支出比例的多少？外食費用會不會過高？車貸與油錢、保險費等相關汽車費用的比例又是多少？像這樣仔細審視自己的支出明細，計算看看能夠節省的金額。第一次制定收入‧支出現狀表的大多數人，都會意識到自己的消費習慣有多麼盲目而大吃一驚，了解到讓自己人生背上負債、無法達到財富自由的犯人，其實就是自己的消費習慣。

如果收入‧支出現狀表顯示了你的支出高於收入，代表你過著入不敷出的生活，這是非常糟糕的情況。如果這樣的生活持續下去，負債的速度會比你存錢的速度來得更快。別說要增加淨資產價值了，還可能會愈來愈少。因此，如果處於支出大於收入的狀況，就必須要改變生活方式才行。

這道理聽起來非常理所當然，要付諸實踐卻不容易。許多人因為各種信用卡、分期付款的誘惑而盲目增加支出，一輩子都無法擺脫債務人生。如果想要實現財富自由，就必須擺脫這樣的壞習慣。關於債務問題，就到下一階段再讓我們仔細探究。

決定支出的優先順序

大部分的人認為光靠自己的收入生活是很吃緊的。但如果在網路上或社群平臺上看到人們的生活方式，就會覺得像那些人一樣生活好像很稀鬆平常。時常出去旅遊打卡、吃大餐上傳美食照、各種穿好用好開好車的話，就算是雙薪家庭也賺不夠花。生活花費、教育和旅行費用等支出，許多人會不加思索地使用信用卡或分期付款，支出高於收入便成了理所當然的狀態。但是不管收入再怎麼多，只要支出比收入還多，就是相當嚴重的問題，如果不想處於赤字狀態，就必須有計劃地消費。

管理支出首先要做的，就是決定支出的優先順序。第一順位就是為了自己或家人實現財富自由的支出。為了自己與家人的退休生活，必須先拿出收入的一部分另外做投資，再用剩下的部分做為家庭生活所需的支出。

如果從收入中扣除必要支出與為退休做準備的投資，剩下的部分很有可能不足以支付孩子的補習費。但大部分的家庭，大多都將孩子的教育支出放在優先順位，而非為了財富自由或準備退休的費用上。要切記：這樣錯誤的支出順序，將會導致我們走向貧窮。

制定收入・支出現狀表應該成為改變生活方式的契機，不管發生什麼事，都不能讓支出大於收入。唯有持續實踐下去，才能讓我們一步步邁向財富自由。

收入與支出記錄表

收入		支出	
本人收入	元	房租	元
配偶收入	元	貸款	元
兼職收入	元	利息	元
利息收益	元	養車費	元
配息收益	元	手機網路費	元
其他	元	食材費	元
		外食費	元
		教育費	元
		子女零用錢	元
		孝親費	元
		其他	元
總資產	元	總負債	元
總收入－總支出＝			

第3階段

減少負債是優先事項

要改善自己的經濟健康狀況，為退休生活做好準備，就必須在投資之前先減少負債，因為要增加淨資產價值最快的方法，就是償還債務。

負債可以分成「好的負債」與「壞的負債」兩種類型，好的負債是為了取得資產而產生的債務，壞的負債則是為了消費而產生的債務。例如為了購入自住房屋，跟銀行借的房貸屬於好的負債，因為每當償還取得房屋而欠下的債務時，你的資產也會隨之增加。一般來說好的債務，利率也會比較低。

但如果是買車欠下的車貸、信用卡債，就是不好的債務。許多人會誤會汽車是資產，買下與自己收入不符的高級轎車，將自己的行動合理化。但汽車其實不是資產，而是負債。在擁有汽車的同時，你就必須開始支付昂貴的保養費、停車費、油錢等必要支出，這些會成為累積的資產一大障礙。分期付款買車時，車貸的利率也會高於房貸的利率。

最不好的負債就是信用卡的卡債，百貨公司聯名卡尤其更不好，因為不僅利率高，而且還是為了消費而留下的負債。除非是緊急狀態，不然最好不要使用信用卡，如果覺得帶現金很麻煩，就使用簽帳金融卡吧。

減少負債，跟複利做朋友

但不管是好債壞債，只要是債都要儘快償還，理由就是「複利」。複利是利上加利的原理，對投資者來說，是隨著時間過去，讓資產大大增加的魔法；但對負債的人來說，卻是負債急速增加的原因。投資者因為跟複利魔法做朋友而致富，負債者卻陷入複利陷阱中而變得貧窮。

只要跟複利做朋友，就可以實現財富自由；但如果讓它變成敵人，則會變

投資一百萬情況下依預期報酬率之各期間預測金額

類別	5%	10%	15%	20%
1 年後	1,050,000	1,100,000	1,150,000	1,200,000
5 年後	1,276,282	1,610,510	2,011,357	2,488,320
10 年後	1,628,895	2,593,742	4,045,558	6,191,736
15 年後	2,078,928	4,177,248	8,137,062	15,407,022
20 年後	2,653,298	6,727,500	16,366,537	38,377,600
25 年後	3,386,355	10,834,706	32,918,953	95,396,217
30 年後	4,321,942	17,449,402	66,211,772	237,376,314

得貧窮。複利效果可以大幅增加我們的資產，同時也會加速我們的貧窮。檢視下表就可得知，一百萬的資產在複利系統下會如何隨著時間增加（為方便起見省略單位）。

如果現在投資一百萬，以預期報酬率10%複利計算，三十年後這筆錢就會超過一千七百萬。同樣的複利原理也適用於負債，負債一百萬以年利率10%複利計算，三十年後就會增加超過十七倍，成為沉重的鉅額負擔。年化報酬率超過10％的投資商品少之又少，但利率高達10％至20％的利息負債卻比比皆是。欠下這些債務後，如果不儘快償還，債務就會像滾雪球一樣愈滾愈大。

究竟該把複利當作朋友還是敵人？其實這是每天時時刻刻都要做的決定。當我們站在結帳櫃檯拿出信用卡時，會聽到「要一次付清還是分期呢？」這時你會如何回答呢？當你回答分期時，就等於將複利當作敵人，因為你已經背上了負債。

如果持續這種增加負債，讓複利成為敵人的生活，你將會一輩子無法從貧窮的泥沼中脫身。少用信用卡、減少負債，跟複利魔法做朋友。還清債務前，請儘量克制外食與出國旅遊的衝動，這是為了實現財富自由最棒的習慣，財富自由比任何事都來得重要與優先。

償還債務時也有優先順序

前面所提到的負債，特別是有不好的負債時，就一定要從不好的負債開始償還。為此，首先要做的就是掌握負債現況。試著寫下自己的分期貸款、信用貸款、預支現金、擔保貸款或信用卡使用額度等負債現況。接著，將這些負債進行分類，看看是屬於銀行、信用卡公司、私人借貸之中的哪一種，然後詳細記錄利息、每個月應償還的本金、貸款餘額、償還期限等。如此一來，就可以清楚掌握自己目前支付較高利息的是哪種貸款。

在這之中，要優先償還的是短期負債。信用卡使用額度就屬於短期負債。雖然信用卡公司會為了減輕消費者一次付清的負擔，推出單筆分期、帳單分期等措施，但企業絕對不會做出不利自己的事情。用這種方法延遲清償日，消費者勢必要承擔較高的利率。這種是最糟糕的負債，所以儘可能別使用信用卡，如果是不得已得刷卡的情況，就應該儘速繳清。

特別是信用卡的預借現金服務或信用貸款，不僅利率相當高，還會影響信用評分，因此應該儘可能在還款日前提前還清。如果不能在短期內解決，延長了還款期限，負債利率也會提高。利息再加上本金，負債金額就會變大。舉例來說，每個月存款一萬的過程中，如果突然多出三萬元的卡債，那就應該延遲接下來三個月的存款，先償還卡債才是明智之舉。

此外，償還債務也需要全家同心協力。如同一起投資的過程中，家庭會變得更加和睦，在共同償還債務的過程中，家人之間也會更懂得為彼此著想。

負債狀況記錄表

好的負債	不好的負債
總計　　　　　　元	總計　　　　　　元

第4階段

兩百塊也好，用多餘資金投資吧

希望經過前面三個階段後，可以讓你成功減少負債。如果債務已經整理到一定程度，就應該進入到下一個階段，盡可能攢出多餘資金開始投資。制定自己的資產．負債現狀表與收入．支出現狀表，減少消費、清償債務，是為了籌措投資的本金，也就是儘可能存下多一點的多餘資金。因為這些多餘資金在經過一段時間將會會大幅成長，會在將來負擔起我們的退休生活。

多餘資金不是「用剩的錢」，而是「事先挪出的錢」

但首先，我們必須改變對「多餘資金」的想法。如前所述，大部分人認為多餘資金是消費後剩下的錢，而且必須有一定金額，但其實恰恰相反。在消費之前先挪出來的才叫「多餘資金」，如果想著有剩下的錢再來投資，實際上不會剩下任何可以投資的錢。

確保多餘資金，養成用剩餘資金生活的習慣。每個月領到薪水後，在花費之前，二十幾歲的人要存下收入的10％，三十幾歲的人要存下15～20％，四十幾歲的人要存下25～30％，五十幾歲的人要存下30～40％，六十多歲的人則要存下50％。為什麼年紀愈大要儲備愈多資金呢？理由相當簡單，因為到退休前的時間所剩不久，再過不久就會失去收入，很快就會變得只能用先前準備的退休資金來生活。隨著年齡增加，要以無路可走的心情，儘可能從收入中挪出更多的多餘資金才行。

如果挪出多餘資金後，要消費時錢不夠用該怎麼辦呢？如果覺得自己沒錢，就該停止不必要的消費，千萬不要將事先儲備的資金用於這類愚蠢的事情上。多餘資金的規模，並不是取決於收入的多寡，而是在於本人的生活方式。多餘資金對未來的影響是相當巨大的，即使是小數目，只要一點一滴累積下來，讓它利上加利，在未來可能會成為一筆龐大的金額。每個人都能成為富人，讓我們懷抱這樣的希望吧。

多餘資金必須經常拿來投資

如果只是單純靠減少消費來籌措資金，是無法實現財富自由的。多餘資金是為了退休後的生活而存，應該投資到能長期最有效讓錢滾錢的地方。我認為把大部分多餘資金綁在銀行存款並非明智之舉。人們會擔心投資可能導致本金損失，但這樣的恐懼，反而會成為讓退休更加困難的因素。

在你的銀行帳戶中，緊急預備金是不是比生活費還多呢？是因為擔心會有不時之需，所以把錢放在那裡；還是誤以為只要把錢存在銀行，本金就不會有任何損失才儲蓄呢？

可惜的是，銀行的存款並無法保存本金的價值，因為現金的價值會隨著時間的流逝而下降。假設現在麥當勞漢堡的價格是五十元，十五年後變成兩百元的話，代表金錢的價值將減少至現值的四分之一。這也就代表，將資產以現金方式保存的人們，其擁有的資產在十五年後將有四分之三會消失不見。實際上，在三十年前的韓國，炸醬麵的價格是一千韓元（臺幣約二十四元），但現在已經變成七千韓元（臺幣約一百六十五元）；原本兩百韓元的地鐵基本票價（臺幣約五元），現在變成一千兩百二十五韓元（臺幣約三十元）；原本平均七千萬韓元（臺幣約一百六十五萬元）的公寓大廈房價，現在超過了三億韓元（臺幣約七百萬元）。

金錢的實際價值會隨著時間流逝而減少，這樣你還認為存入銀行的錢不會遭受任何損失嗎？以保障本金的名義而放在銀行存款裡的錢，是一筆不會錢滾錢的沉睡資金；即使不知道本金是否真能得到保障，其價值的確逐漸在損失。

將錢綁在銀行的時間愈長，損失就會愈大。從麥當勞漢堡價格變化就能知道，與其持有現金，還不如去買麥當勞的股票吧。哪怕只是小錢，哪怕只有短暫的時間，也不要讓金錢閒置在那裡。

如果沒有投資股票經驗，或是害怕損失本金，每天投資一百元股票型基金也是好方法（＝每個月投入三千元）。如果因為是第一次投資所以感到害怕，就開通非面對面的證券戶，每月定期定額投入三千元到股票型基金。只要每個月固定投入三千元，將來也會成為巨大力量返回來的。

第5階段

活用政府退休金制度

財富自由之旅在不知不覺中已經進入第四階段了，由衷希望各位已經習慣減少債務，儲備退休資金的習慣；同時擺脫保障本金的陷阱，充分理解複利的魔法。同時你也了解：如果想使複利魔法最大化，最重要的就是讓錢可以錢滾錢地努力運作。

在下一個階段要做的事情，就是為了你的財富自由和退休生活，提高自己對退休金制度的理解。退休金制度之所以存在，正是國家為了幫助國民養老所需，而且也伴隨著節稅的效果。[1]複利魔法再加上節稅效果，資產增加的速

1. 就臺灣的情況，勞退自願提撥的部分，不用併入當年度所得（勞工退休金條例第十四條第三項規定）。

度也會更快，也會讓退休準備變得更加容易。政府為個人退休準備甚至還給予稅金優惠的制度，難道不該理所當然地正確好好利用並且付諸實踐嗎？

退休金制度具備長期投資的效果

二〇一八年八月十六日，美國CNBC電視臺做了一則有趣的報導，內容是得益於美國企業401(K)退休金制度，成為百萬富翁的人在短短一年內增加了百分之四十一，怎麼可能發生這種事呢？

美國的401(K)退休基金有百分之四十以上用於投資股票。其中年輕族群將大部分退休年金投入股票或是股票型基金，三十年以上長期投資股票的上班族，因為複利效果自然而然成為了百萬富翁。

韓國也實行類似的退休金制度，但卻從未聽說因為退休金成為百萬富翁的消息。會有這樣相反的結果，是來自退休基金投資股票的比重差異。韓國百分

富達 401(K) 累積額超過 100 萬美元的帳戶數

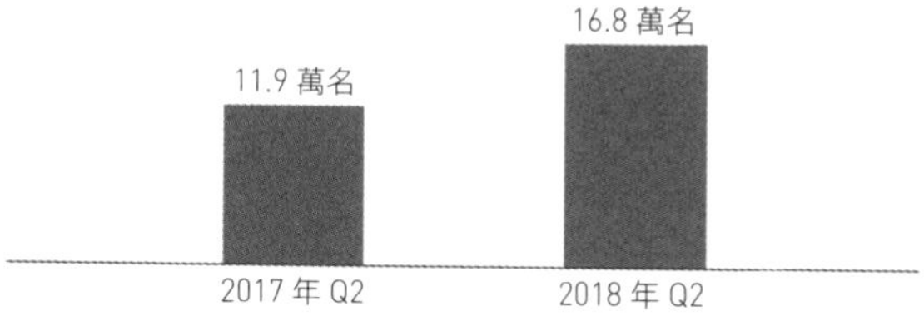

出處：CNBC, 2018. 8. 16.

之九十以上的退休資金投資於保障本金型的商品，投資股票的比重卻只有百分之五。因為趨避損失的心理傾向、錯誤營運的退休金制度，以及對金融知識與制度的理解不足，而造成了這樣令人惋惜的現實。

再三強調，退休金具備了長期投資直至退休的性質，因此懂得讓錢滾錢的明智之人，也應該從年輕時就開始長期投資股票，提高利用複利效果賺錢的股票比重才行。

第6階段

財富自由，全家一起來

如果你已經從第一階段實踐至第五階段，對於財富自由的必要性深有同感的話，那麼不只你本人，也要說服另一半、父母、子女等身邊深愛的人參與其中，因為財富自由不是自己一個人的事，而是所有人都需要的事，不能只停留在一個世代，而是要世代相傳的課題，這時就必須伴隨必要的經濟與金融教育。但不管是在家庭還是學校，目前實際上都缺乏有成效的金融教育，這就是社會的真實狀況，但從各位讀者開始應該就能有所不同。

和孩子分享投資．經濟相關話題

別把金融教育想得太了不起，雖然學校還是社會都不會教我們，但其實只要大家一起坦誠地談論金錢的話題，這就是一種金融教育。這樣的對話必須要從家庭開始，愈早與父母分享投資話題的孩子，在未來的日子裡，實現財富自由的可能就愈大。

據說猶太人會全家人一面吃著晚餐，一面分享許多以經濟為主題的話題。但與之相反，在我們的社會裡，全家人一起吃晚餐反倒是相當罕見的現象。孩子們放學後的大部分時間都在補習班度過，父母們可能忙著上班、加班賺錢，比起和家人一起，大家更常與外人一起共度晚餐時光。

如果家庭成員持續過著這樣的生活，就會離財富自由之路愈遠，因為整個家庭就像是一盤散沙，大家各自過著自己的消費生活，家庭中的成員根本無法正確掌握家庭的財政狀態。這樣的情況下很難掌控支出，支出很容易比收入增加許多。無法累積資產增加的經驗，正是造成實現財富自由愈來愈困難的原因。

為了達到財富自由的目標，比起一個人獨自努力，全家人共同努力會來得容易許多。當孩子問起家中經濟時，家長們時常回答「你們不用煩惱這個問題，專心唸書就好」，因為家長認為孩子關心金錢問題，對學業沒有幫助的，但孩子們其實意外關心資產的形成。

如果父母與孩子之間的對話，可以脫離唸書與成績，轉移到經濟與金錢上，就能解決那些父母抱怨「沒辦法與孩子溝通」的問題，也不需要總是嘮叨要孩子別亂花零用錢。因為當了解金錢重要性的瞬間，孩子們就會自己懂得節約；當了解補習費所造成的巨大浪費，孩子就不會選擇去補習班，而是自己好好唸書。需要多用錢就得自己賺的話，孩子就不會在放假或閒暇時一味玩樂，而是選擇去打工，這就是孩子們致富的起始點。

透過投資股票邁向致富之路，當然能讓全家一同攜手前進最好。抱持錯誤哲學渴望短期獲利的人，往往會選擇對家人保密，因為他們自己也認為投資股票是危險的事。但抱持正確的哲學和原則所進行的投資，則是為了獲得財富自由的必要事項，和家人一起進行的話會更有意義也更有利。

邀請家人一同進入投資股票的世界，自然且愉快地以股票和基金為話題好好聊天吧。父母與子女共同分享最近買的股票或基金、互相交換意見，能做到這點的家庭和沒有做到的家庭，將會在經濟上產生很大的差異。

實現財富自由、走上致富之路，不只是自己這一代的事，最好能延續到下一代，這點毋庸置疑。在美國中產階層的猶太人家庭裡，孩子們會看著父母的言行舉止，透過對話與教育，自然而然領悟經濟的價值，學習到成為富人的方法。

如同猶太父母所做的一樣，我們也要將富人哲學與正確的投資方法傳授給我們的子女，讓財富自由可以代代相傳。現在社會面臨生育率低落問題，部分也是因為經濟上的原因導致。如果能夠儘早引領下一代走上財富自由之路的話，這樣的問題應該也會隨著世代變遷漸漸獲得解決。

與其買禮物，不如買股票或基金當禮物

生活在現今這個百歲世代，我們通常會和祖父母、父母、子女及孫子輩，至少三~四代共同生活。假設大家都在三十歲結婚生子，這三、四代的年紀分別會是祖父母九十五歲、父母六十五歲、子女三十五歲、孫子輩為五歲。三十五歲的子女雖然能撫養自己的孩子，卻往往沒有足夠能力撫養父母或祖父母。在過去大家都生五、六個孩子的時代，或許還可以期待由子女來分擔老後生活，但現在是不可能的。在出生率極低的情況下，每個人都得為自己的老後生活負責，只有當各世代都能實現財富自由，才能避免悲慘的老後生活。

每一代的家庭成員都應該要意識到且切記，隨著壽命延長，達成財富自由與準備退休生活的重要性變得比過去更加重要。從剛出生的嬰兒到當上爺爺奶奶的一輩，每個人都必須領悟到要有不同於過去的想法與行動才行。

當孩子滿月或滿周歲時，與其送禮物，不如送股票或基金，這會成為家庭邁向財富自由的一個好的出發點。隨著孩子漸漸長大、上學、畢業，與其送他

們玩具或手機，不如送孩子股票或基金吧。和孩子聊聊目前投資的公司，這就是相當棒的金融教育。透過股票，不但可以向世界各國的人學習經營哲學，也可以提升金融教育水準。

在學習美國、中國、德國、英國、日本、印度等其他國家的知識時，比起單純看書來死背硬記，不如去投資該國股票。因為股價會反映政治、經濟、社會和文化，為了尋找投資標的對國家與企業進行調查的同時，自然而然也會學到該國的相關知識。為了投資所做的學習無須死背硬記，這些知識會自然進入腦海。賦予孩子學習動機的同時，也能夠豐富金融知識。隨著孩子長大成人，他們從小就開始投資的金額也會大幅成長。

夫妻對經濟要有一致的見解

如果要實踐這樣的教育，夫妻雙方也必須要認知到財富自由的重要性。這段期間，我經常看到許多對經濟見解不同的夫妻，特別是因為孩子升學補習問題而爭吵的夫妻，每每都讓我再次深深感受到擺脫金融文盲的重要性。將自己的所有資金都投資在孩子的教育補習費用，不僅會讓退休生活陷入困境，也沒辦法為孩子們留下經濟上的財富，只能讓貧窮代代相傳。

希望所有父母都一定要知道，就算孩子們好好唸書考上好學校，擁有看似優秀的學歷，對財富自由也沒有太大的幫助。大多數經濟困難者，都會希望孩子能夠過上比自己更好的經濟生活，也因此許多父母就算沒錢也會想盡辦法籌錢，為了讓孩子能有漂亮學歷而不惜一切。

但我們必須知道：這樣不僅會讓父母，也會讓孩子的未來一起變得更加困難。父母必須教導孩子的是節省金錢及投資的方法。如果不知道如何賺錢，只知道消費時帶來的快樂，這樣的孩子只會變得貧窮。特別是花在孩子身上的過多補習費，只會讓孩子在經濟上變成無能者。把補習費用轉換成投資基金，成為讓孩子了解金錢是如何運作的父母吧。

第7階段

多少錢才夠？設定具體目標

要準備多少錢，退休資金才算充足呢？在現今的百歲世代，假設在職場做到六十歲退休，就還有四十年得過著沒有收入的生活。因此在有工作的期間，要儘可能準備愈多愈好的退休資金；但對於把資金浪費在沒必要的開支上，也沒有好好做投資的人來說，這是遙不可及的事情。也因此，大部分人根本沒有去瞭解過要擁有穩定的老後生活，究竟會需要多少錢，只是抱著消極的心態想著「反正船到橋頭自然直」。

造成這樣想法的原因很多，但最大的原因或許就是恐懼。在無法做好充分準備的狀況下，對未來的恐懼迎面而來。但如果因為這份恐懼，而逃避去做好具體明確的規劃，反而會讓自己離財富自由的目標愈來愈遠。如果想著「反正我也不可能財富自由」而放棄這個目標，在消費上也會漸漸變得不理智。

每個人的經濟狀況，及退休後想要享受的生活水準各有不同，很難一概而論，單純提出需要準備多少程度的退休資金。但如果先預測好退休後所需的適當生活費，以此來計算，就大概可以知道自己在退休前需要準備多少資金了。

記住「4％法則」

「4％法則」可作為估算退休前準備資金的參考，是由麻省理工學院學者威廉．班根（William Bengen）所提出，以退休時的資產為基準，推估出有餘裕度過餘生的所需金額。

例如，假設拿資產的4％當作一年的生活費，退休時如果有兩千萬，就可以用本金的4％，即八十萬元作為一年的生活費（每月約六萬六千多元）；如果有一千萬，每個月可使用的金額則約三萬三千元，可能比一般人的月退還要

- **所謂的 4%法則是？**

  以資產的 4%做為一年的生活費，就不用擔心未來三十年的退休生活。

- **預期收益 4%時，只要準備本金的金額，就可做好退休準備**

  本金 × 4% ＝ 生活費

多。

但如果退休時只有五百萬資產，之後每年的生活費就得要減少至二十萬元，一個月只有約一萬六千元可用，相當於最低生活費水準的金額。

創造高於必要金額的退休資金吧

問題在於現今壽命延長，對4%法則也造成不利的影響。4%法則是指退休第一年將養老資產的百分之四做為提領金額，從第二年開始考慮到物價上漲的幅度，再從退休資金領取出來使用。以4%法則為基準，如果這筆錢要用三十年以上，就必須將一部分資產拿來投資股票，創造收益才行。如果不投資股票，你的資產就會縮短到三十年內全都被消耗殆盡。如果在六十歲退休，以4％法則運用在一千萬元的退休資產上，你的所有資產約在八十五歲時就會耗盡。如果不以4％，而是以3％來計算的話，每個月的生活費將減少至兩萬五千元左右，但還能撐到九十幾歲。但如果壽命繼續延長，退休時的資產又只有三四百萬，那會怎麼樣呢？那就光是連活下去都很困難了。

如果預期壽命繼續延長，退休養老資金就不只要用上三十年，而是得用更長久，那麼方法有三種：要不就是修改降低4％法則，要不就是將資產投資在股票或基金等高收益的地方，再不然就是得在退休時準備更多的資產。但要切記：所有計劃基本上以4％法則為基礎來運用。

並且，一定要在退休前準備高於必要金額以上的資金，為了實現這個目標，就非常需要能夠一點一滴實踐這目標的每日生活習慣，也就是說，減少消費，即使是小額資金也不要輕忽，得拿來投資才行，別喝昂貴的咖啡，搭公車取代計程車，減少外食的錢，多存下一些多餘資金吧。

第8階段

你自己才是「專家」

如果已經進行到第七階段，各位已經稱得上是金融專家了。當你擺脫各種傳播媒體及大眾對金融的錯誤偏見，我能確定你在這趟財富自由之旅已經取得了領先地位。

抱持堅毅不動搖的投資哲學

各位的金融知識，有可能比常出現在新聞或節目中的「金融專家」們還要豐富，各位可能才是真正的金融專家。毋需對金融用語感到困難與恐懼，每天預測股市的人不能稱為專家，嘴上掛著艱深的詞彙，叨念著市場時機的人更有可能才是金融文盲。必須遠離那些總是主張用短期投資取代長期投資，試圖炒短線獲利的人。不要從覺得「沒錢也能幸福」的人那裡獲得安慰，也不要被主張「花的錢會自己流回來」的奇妙理論所迷惑，如果不想讓自己被金融文盲傳染的話，就必須鞏固並堅持自己的投資哲學。

與想財富自由的人共組投資俱樂部

儘可能多跟想達到財富自由的人相處。如果有投資俱樂部就加入，如果沒有找到適合的團體，找一些志同道合的人一起成立投資俱樂部，也是個不錯的主意。與其聚在咖啡廳裡喝著昂貴的咖啡，或是參加一些娛樂性消費聚會，倒不如參加投資股票俱樂部。追求財富自由的聚會更有建設性，也能更加豐富我們的生活。

在美國很常看到許多家庭主婦聚在一起，學習投資股票，主婦投資俱樂部所記錄的股票收益也蔚為話題。家庭主婦不僅是最優秀的「菜籃經濟」專家，只要主婦們同心協力，也能建立起優秀的股票投資組合。所以各位沒有做不到的理由，我衷心期盼能有更多兒童投資俱樂部、主婦投資俱樂部、上班族投資俱樂部出現。與其購買名牌，或是去參加互助會，不如參加能夠增長金融知識的投資聚會，這才是腳踏實地的致富之路。

第9階段 帶著積極的想法馬上開始

為了財富自由，什麼時候才是投資的最佳時機呢？本書中多次提及，要實踐財富自由需要努力不間斷地堅持，省下一杯咖啡、一頓大餐、一次旅行、孩子補習費的一千元、五千元、一萬元。如果想讓攢下的資產，可以像雪球一樣隨時間過去愈滾愈大，讓複利魔法效果發揮到最大效果，就要儘早開始投資，愈早開始愈有利。

因此，要達到財富自由最佳的投資時機，就是距離退休最遙遠的時間點——剛出生的嬰兒就是最有利的人，因為他們擁有最多能讓錢運作的時間。

當然，必須由父母為他們開始投資。孩子出生、滿月、滿周歲時收到的祝賀禮金、過年過節收到的紅包、大人給的零用錢等，親朋好友們給孩子的錢通常比我們想像的還要多。只要把這些錢定期拿來投資，等到孩子長大成人之際，就會成為鉅額資產。

只要開始投資，什麼時候都不嫌晚

第二個最佳的投資時機點，就是「現在」。晚一天開始，錢可以運作的時間就少一天；只要今天立刻開始，資金就會比明天早一天開始運作，也會比明年還要早一年開始運作。

聽我說到三、四十年後發生的複利魔法時，上了年紀的人就會長嘆一口氣，問我自己六十歲在即，或是早已退休，現在才要開始準備退休資金是不是太晚了？我告訴他們事實並非如此，雖然比起年輕時就開始是比較晚，但如果現在不開始準備，以後肯定會後悔。

人類的壽命已經比過去還要長，以後只可能會更長；換句話說，比起過去，金錢可以運作的時間增加了許多。在過去，能活到七、八十歲可說相當罕見，光是活到六十歲就相當值得慶祝，所以都會大肆慶祝六十大壽。在一九五〇年代，韓國男性平均壽命是三十七歲，女性是四十七歲；到了二〇一八年，男性壽命已延長到七十九歲，女性則為八十五歲，平均壽命也仍在增加中。環顧周遭，就可以發現活到超過九十歲的人比比皆是，「百歲世代」並不是誇張不實際的說法，而是可以親身切實感受到的。當然隨著人口結構變化，國家的福利政策也會改變；但國家的支援政策，只足以讓我們維持基本的生計範圍。是否擁有幸福的老後生活完全取決於自己的財產，這就是我們必須要準備退休養老資金的理由。

如果你現在是五十歲，現在投資的錢將會運作五十年；如果你是六十歲，就還可以運作四十年；即使現在已經八十歲、九十歲，也還能享受十年、二十年錢滾錢的效果，所以現在的年齡並不重要。而且，即使只是省下每天五十元的交通費，也能馬上開始投資，所以收入多寡也不是太重要的因素。立刻開始投資，改變生活方式，讓全家人都參與財富自由的計劃吧。

帶著積極正面的心，從今天開始成為幸福的資本家吧！

富人大多是充滿積極正面想法的人，因此他們持股的期間也相當長久，因為他們堅定相信自己買的並非股票也非證券，而是公司成長的可能性。成為股東的話，你所持有的股票就會每天都帶來幸福。當你看著自己支持的公司賺取利潤、員工努力工作，心情也會跟著變好。

買股票是一件非常令人興奮的事情，特別是發現了其他人不知道的優良股票時，所感受到的喜悅不言而喻。了解這種喜悅的人不會輕易浪費金錢，別把注意力放在短期的股價漲跌，雖然股價會發生變化，但優良的企業仍會持續發展，信任經營管理層和企業員工們，相信資本主義的力量吧。

後記

我習慣在搭公車或地鐵時，觀察身邊的人。這些每天在生活中擦身而過的人們，都有了達到財富自由好好做準備嗎？因為每個人為退休、為財富自由做準備的程度，不僅關乎個人的幸福，更進一步關係到一個國家的未來。

年輕女性想要存錢買名牌，年輕男性想要在別人面前展現風光的一面，砸下與自己收入不成比例的錢購買名車。

平凡的父母們，則抱持一定要把孩子送進好學校的強迫觀念，將自己的退休資金浪費在極其錯誤的地方。

在一個資本主義的社會裡、在學校裡，我們從不談論金錢、教導金錢；然而我們的社會系統，卻完全沒有意識到這樣的教育現狀。

對金錢的無知，阻礙了我們的幸福。

現實是有百分之九十的人民仍處在金融文盲的狀態，走在一天比一天變得更加貧窮的道路上。我出版本書，正是想告訴這些人一定要懷抱希望。

雖然要一夜致富幾乎不可能，但每個人都有可能致富。

而財富自由，是要慢慢實現的。

中文版參考資料

序

註1 江睿智（民一一〇年六月二十八日）。搶救老年貧窮！政府應持續改革勞保、優化國保、鼓勵就業。經濟日報。取自：https://money.udn.com/money/story/9554/5563473

第一章

註1 歷年全國自殺死亡資料統計暨自殺通報統計（更新至一〇九年）【資料檔】。台北市：衛生福利部。

註2 台96萬戶「老窮」恐成社會安全漏洞（民一〇八年十一月三日）。

華視。取自：https://news.cts.com.tw/cts/society/201911/201911031979874.html

第二章

註5 林依伶、楊子霆（二〇一七）。經濟成長、薪資停滯？初探臺灣實質薪資與勞動生產力脫勾的成因。中央研究院經濟研究所學術研討論文，第四十六卷第二期）

註6 楊芙宜（二〇一五年十二月二日）。標普調查：亞洲¾成年人是金融文盲。自由財經。取自：https://ec.ltn.com.tw/article/breakingnews/1527300

註7 吳靜君（二〇二一年一月十二日）。台59個鄉鎮沒有銀行「4地區」最嚴重！民眾恐成「金融文盲」。中國時報。取自：https://www.ctwant.com/article/95964

財富是這樣養成的
韓國暢銷 No.1 財經書！讓錢為你工作，邁向財富自由
존리의 부자되기 습관

作者　John Lee
譯者　梁如幸
執行編輯　顏妤安
行銷企劃　劉妍伶
封面設計　陳文德
版面構成　賴姵伶
發行人　王榮文
出版發行　遠流出版事業股份有限公司
地址　臺北市中山北路一段 11 號 13 樓
客服電話　02-2571-0297
傳真　02-2571-0197
郵撥　0189456-1
著作權顧問　蕭雄淋律師
2021 年 11 月 1 日　初版一刷
定價新臺幣 320 元

ISBN 978-957-32-9273-9
遠流博識網　http://www.ylib.com　E-mail: ylib@ylib.com
（如有缺頁或破損，請寄回更換）

國家圖書館出版品預行編目 (CIP) 資料
財富是這樣養成的：韓國暢銷 No.1 財經書！讓錢為你工作，邁向財富自由
/John Lee 著 ; 梁如幸譯 . -- 初版 . -- 臺北市 : 遠流出版事業股份有限公司 , 2021.11
面 ; 公分
譯自 : 존리의 부자되기 습관 : 대한민국 경제독립 액션 플랜
ISBN 978-957-32-9273-9(平裝)
1. 個人理財 2. 投資
563　110014030